Goldmann Ratgeber

D1917388

... Mai di bajano,
Di merinjano
Qu'embausemavo l'òli d'óulivié
Osco seguro,
N'auras rancuro
E dóu bon vin que toun paire bevié.

»Du kannst gehen, wohin du willst... aber sei sicher: nach den Gerichten aus irdenem Topf, nach den Auberginen, duftend vom Öl des Olivenbaums, wirst du Heimweh haben und nach dem guten Wein, den dein Vater trank«. So singt Frédéric Mistral, der Dichter der Provence, in den ›Olivades‹.

Man kann es auch umgekehrt machen, und so ist diese Rezeptsammlung entstanden: wenn ich Sehnsucht nach der Provence habe, dann koche ich ein provenzalisches Gericht. Ich treibe ein bißchen Küchenmagie und lasse im Duft aus Töpfen und Pfannen die Bilder aufsteigen... die Lavendelfelder der Haute-Provence und die Wehrkirche am Sandstrand von Saintes-Maries-de-la-Mer, den alten Hafen von Marseille und die Porphyrfelsen am Esterel.

In der Reihe Küchengeheimnisse liegen bereits folgende Bände vor:

Edda Meyer-Berkhout: So kocht man fränkisch (10543)
Isolde Bräckle: Garten-Party, Camping und Picknick (10591)
Sybille Schall: Die feine Fischküche (10593)
Margrit Diethelm: So kocht man italienisch (10595)
Emil Reimer: Gerichte aus der Schwingpfanne (10597)
Christidis/Gaitanides: So kocht man griechisch (10600)
Maria Horváth: Backrezepte aus dem alten Österreich (10603)
Grete Willinsky: Fleischfondues und Flambiertes (10606)
Tera Halen Mampell: Desserts aus aller Welt (10609)
Maria Horváth: Leckeres für Junggesellen (10612)
Hedl Salzer: So kocht man schwäbisch (10615)
Meyer-Berkhout: Grillfreuden für den Feinschmecker (10618)
Bibulus: So kochen Hanseaten (10621)
Jutta Kürtz: Das Brot-Backbuch (10613)
Grete Willinsky: So kocht man russisch (10622)

Küchengeheimnisse

Hedl Salzer

So kocht man provenzalisch

WILHELM GOLDMANN VERLAG MÜNCHEN

7075 · Made in Germany · I · 1110

Genehmigte Taschenbuchausgabe. Die Originalausgabe ist im Heimeran Verlag, München, erschienen. Umschlagentwurf: Ilsegard Reiner. Illustrationen: Bärbel Skarabela. Fotos: Fotostudio Christian Teubner, Füssen/Allgäu. Freundin, München. Satz: IBV Lichtsatz KG, Berlin. Druck: Presse-Druck Augsburg. Verlagsnummer: 10636 · be/ho

ISBN 3-442-10636-2

Inhalt

Die klassischen Gerichte der Provence

Die griechische Liebesgöttin Aphrodite soll dieses berühmteste Fischgericht der Provence erfunden haben – in ziemlich heimtückischer Absicht. Sie suchte nämlich ein schmackhaftes Gericht mit einschläfernder Wirkung, um ungestört vom hinkenden Göttergatten Hephaistos ein Schäferstündchen mit dem attraktiveren Kriegsgott Ares zu erleben. Deshalb würzte sie kräftig und gab auch Safran dazu, der früher für einschläfernd galt. Wie man aus Homer weiß, erwachte Hephaistos trotzdem noch zu früh.

Gute Bouillabaisse-Rezepte gibt es, soviel es gute Köche und Köchinnen an der provenzalischen Mittelmeerküste gibt. Denn jeder und jede hat ein eigenes. Gemeinsam ist aber allen, daß sie frisch gefangene Mittelmeerfische verlangen, von denen einige als absolut unentbehrlich bezeichnet werden, wie z. B. die bizarre Rascasse, der Petersfisch, der heute noch rechts und links den Fingerabdruck des Fischerapostels zeigt.

La Bouillabaisse Für 2 Personen

Da die »authentische« Zusammensetzung bei uns nirgends zu erreichen ist, erfahren Sie hier ein Rezept, das nur eine Fischart vorsieht, Schellfisch, Kabeljau oder Merlan. Das ist einfacher und macht auch die Zubereitung für eine kleine Anzahl von Essern möglich.

Sprudelt das Wasser im Topf, so geben Sie die feingeschnittenen Zwiebeln (mit oder ohne Lauchrädchen), die mit einem Messer breitgequetschten Knoblauchzehen, die geschälten Tomaten (oder das Tomatenmark) mit allen Kräutern hinein, darauf legen Sie dicke Kartoffelscheiben und würzen mit Salz und Safran. Jetzt soll alles tüchtig kochen, bis die Kartoffelscheiben sich mit einer Gabel einstechen lassen. Damit ist der erste Kochabschnitt erledigt: bouille = koch auf. Nun folgt der zweite Teil: abaisse = mindere herab.

Stellen Sie die Flamme auf klein; legen Sie den Fisch obenauf, übergießen Sie ihn mit Öl und lassen Sie ihn zugedeckt leise köcheln, bis er gar ist. Vor dem Anrichten entfernen Sie die Kräuter und bestreuen mit Cayennepfeffer und Petersilie.

Über die Frage, wieviel Wasser man nehmen soll, streiten sich die Kochkünstler. Die einen sagen, die Fischstücke müßten gut bedeckt sein, die andern sprechen darüber naserümpfend von »Ersäufen« und verlangen, daß die Fischstücke noch etwas aus der Flüssigkeit ragen. Das können Sie nach Ihrem Belieben machen. Auch die Zugabe eines Glases trockenen Weißweins oder eines Likörgläschens Cognac oder Pernod wird empfohlen. Der Pernod macht dann den Fenchel überflüssig.

Und nun die Zugabe, ohne die eine Bouillabaisse nur eine halbe Sache wäre.

500 g Fisch (Schellfisch, Kabeljau oder Merlan, durch Querschnitt in zwei Stücke aufgeteilt), 2 Zwiebeln (oder 1½ Zwiebeln und eine Lauchstange), 3 Knoblauchzehen, 2 Tomaten (oder 1 EL Tomatenmark), 1 Thymianzweig (oder Thymianpulver), 1 Lorbeerblatt, 1 Liebstöckelblatt (oder Fenchel), 1 Stückchen getrocknete Orangenschale, 4 Kartoffeln mittlerer Größe (können auch wegbleiben), Salz, ½ TL Safran, 1 Tasse Olivenöl, Cayennepfeffer, 1 EL geh. Petersilie, Weißbrotscheiben, 1 l Wasser.

Die Bouillabaisse hat zahlreiche Verwandte, vornehmere, wie die Bouillabaisse de Luxe, die Langusten enthält (was von manchen strengen Bouillabaisse-Anhängern als Entartung abgelehnt wird), aber auch schlichtere und trotzdem gehaltvolle, wie die Spinat-Bouillabaisse, die nicht nur dem Vegetarier munden wird.

La Rouille

3 Knoblauchzehen, 3 getrocknete rote Paprikaschoten, die ganz scharfen, auch Chillies genannt, Salz, 2 EL Brösel oder einige Kartoffelrädchen aus der Bouillabaisse, 2–3 EL Öl, 2–3 EL Brühe aus der Bouillabaisse, evtl. süßen Paprika.

Die Knoblauchzehen und die Paprikaschoten zerstoßen Sie ganz fein mit etwas Salz, geben die Brösel (oder die Kartoffelrädchen) dazu und träufeln unter ständigem Zerreiben das Öl und so viel Brühe ein, daß eine dicke Paste entsteht. Falls die Paprikaschoten nicht genügend färben, würzen Sie noch mit süßem Paprika, denn die Rouille muß nicht nur feurig schmecken, sondern auch feuerrot aussehen.

Und nun zum Anrichten: Die Fische und Kartoffeln lassen Sie in der Brühe, sie bleiben so länger heiß. Die Brotscheiben richtet man getrennt an, ebenso die Rouille. Nun nimmt man sich Fisch und Brühe in den Teller, bestreicht eine Brotscheibe mit der Rouille und legt sie in die Brühe. Das von der Brühe durchtränkte Brot, die Rouille und der Fisch ergeben einen raffinierten, allerdings höllisch scharfen Dreiklang.

Fische wollen immer schwimmen. Die Fische der Bouillabaisse ausnahmsweise in rotem, aber auch in Rosé-Wein.

Spinat-Bouillabaisse
Bouillabaisse d'épinards à la Marseillaise

1 kg Spinat, Salz, 1 Zwiebel, 3 EL Öl, 5 Kartoffeln, in dicke Scheiben geschnitten, 1 l kochendes Wasser, Cayennepfeffer, 2 Knoblauchzehen, Fenchelpulver, 1 Messerspitze Safran, 4–8 geröstete Weißbrotscheiben, 4 Eier.

Den zarten Spinat ganz kurz, etwa 2–3 Minuten, ins siedende, schwach gesalzene Wasser geben, mit kaltem Wasser abschrekken, abtropfen lassen und fein verwiegen. Bei Verwendung von Tiefkühl-Spinat entfällt diese Vorbereitung.

In der Zwischenzeit lassen Sie die feingehackte Zwiebel in heißem Öl glasig anlaufen, geben den Spinat dazu und rühren ihn bei sanftem Feuer, bis er gut durchgetrocknet ist; das dauert etwa 5 Minuten. Wo sind die Kartoffelscheiben? Hinein damit und das kochende Wasser darüber.

Und jetzt kommt das Wichtigste, was aus einem gewöhnlichen Spinat eine provenzalische Spinat-Bouillabaisse macht, die Gewürze: erst Salz und gemahlener Cayennepfeffer, dann die zerquetschten Knoblauchzehen, Fenchelpulver und der Safran. Aufkochen lassen, dann die Kasserolle zudekken und bei gelindem Feuer so hinköcheln lassen, bis die Kartoffeln gar sind.

Nebenher poschieren Sie die Eier auf die übliche Art; sie sollen schön weich bleiben und werden in Salzwasser warmgehalten.

Beim Anrichten legen Sie in jeden Teller 1–2 geröstete Weißbrotscheiben, setzen vorsichtig das poschierte Ei obendrauf, damit es ganz bleibt, und übergießen mit der Bouillabaisse.

Von der Bouillabaisse kann man gehört haben, ohne je in der Provence gewesen zu sein. Am Aioli erkennen sich die Provence-Kenner. »Aioli« war der Titel einer provenzalischen Zeitschrift, die sich nicht etwa mit Kochrezepten, sondern mit Literatur befaßte. Denn das Aioli ist mehr als ein schmackhaftes Gericht, es ist ein Symbol. Frédéric Mistral, der Dichter der Provence, schrieb: »Das Aioli macht leicht trunken, sättigt den Leib mit Wärme und badet die Seele in Begeisterung. In seinem Wesen vereint es die Kraft und die Heiterkeit der provenzalischen Sonne«. Warum er Mayonnaise im Vergleich zum Aioli zur »Marmelade« deklassierte, macht das Rezept verständlich.

Das Aioli
L'aioli

4 große Knoblauchzehen, wenig Salz, 1 Eigelb, 1/4 l Olivenöl, Zitronensaft.

Im Mörser zerstoßen Sie die geschälten Knoblauchzehen mit etwas Salz zu einer feinen Paste. Unter ständigem Stoßen geben Sie das rohe Eigelb dazu und schließlich Tropfen um Tropfen das Öl. Hat sich eine geschmeidige Salbe gebildet, würzen Sie mit Zitronensaft und wenig Salz. Noch ein paar Bewegungen mit dem Stößel, und das Aioli ist fertig. Sicher geht's mit einem elektrischen Rührgerät einfacher; aber wenn Sie einmal eine provenzalische Bäuerin mit einem alten Marmormörser und -stößel hantieren sahen, ahmen Sie vielleicht ihre feierlich geduldigen Bewegungen gern nach – und sei es in einem profanen Porzellanmörser.

Man kann Aioli zu allem geben, wozu Mayonnaise paßt, vor allem zu gebratenen und gegrillten Fischen, auch zur Bouillabaisse (falls Ihnen die Rouille zu scharf ist). Wollen Sie aber einmal ganz echt provenzalisch speisen, dann lassen Sie sich das Freitagsgericht der Provence munden:

Das große Aioli
Le grand aioli

1000 g Kabeljau, Milchwasser, Zitronensaft.
Zum Sud: *1 1/2 l Wasser, 1 Zwiebel, 1 Büschel Suppengrün, 1 Lorbeerblatt, Pfefferkörner, Salz. 250 g grüne Bohnen aus der Dose, 250 g ›Pariser Karotten‹ aus der Dose, 250 g grüne Erbsen aus der Dose, Butter zum Dämpfen, 250 g Kartoffeln, Kerbel, Estragon oder Petersilie, Aioli.*

Nach den alt überkommenen Rezepten gehört getrockneter Kabeljau (Stockfisch) dazu, den man erst wässern muß. Der Einfachheit halber nehmen Sie frischen Kabeljau. Das geschuppte und gewaschene Fischstück legen Sie eine Viertelstunde in Milchwasser, trocknen es ab und reiben es mit Zitronensaft ein. Im sprudelnden Sud mit den angegebenen Zutaten lassen Sie den Fisch 5 Minuten kochen; dann auf die Seite schieben und zehn Minuten ziehen lassen.
Die Gemüse nehmen Sie aus der Dose und dämpfen jedes gesondert in Butter. Die Kartoffeln kochen Sie in der Schale und schälen sie. Ist alles fertig, richten Sie auf einer hübschen runden Platte an: Der Fisch kommt in die Mitte, umgeben von den Kartoffeln und den verschiedenen Gemüsen, die Sie mit Kerbel, Estragon oder auch nur mit Petersilie bestreuen. Dazu geben Sie in einem Näpfchen gesondert das Aioli.
Man kann dieses Rezept noch bereichern, etwa durch Artischocken, Muscheln und Schnecken.

Wer die Bouillabaisse für eine Fischsuppe hält, irrt ebenso wie derjenige, der in einer provenzalischen Fischsuppe Fische zu sehen erwartet. Die Fische sind zwar drin, aber sozusagen entmaterialisiert, in eitel Wohlgeschmack sublimiert. Gemeinsam mit der Bouillabaisse hat die Fischsuppe, daß sie den ganzen Reichtum der Küstengewässer enthält. Das fehlt unserer Suppe, aber wir machen diesen Mangel durch sorgfältiges Würzen wett.

Die Fischsuppe
La soupe de poisson Für 2 Personen

500 g frische Fische verschiedener Art, 2 EL Öl, 1 Zwiebel, 1 Lauchstange, 1 Karotte, 1 Stückchen Selleriewurzel, 1 Tomate (oder Tomatenmark), 1 Knoblauchzehe, 1 Fenchelzweig, 1 Stückchen getrocknete Orangenschale, 1/2 Lorbeerblatt, Salz, 1 l heißes Wasser, 2 Messerspitzen Safran, gemahlener Pfeffer, 1 EL geh. Petersilie, leicht geröstete Weißbrotscheiben.

Im heißen Öl lassen Sie die zerkleinerte Zwiebel und das Gemüse anlaufen, fügen die zerdrückte Knoblauchzehe, die Kräuter und Salz bei und übergießen mit heißem Wasser. Heiß muß das Wasser sein, damit es sich innig mit dem Öl verbindet. Da hinein kommen die gewaschenen, in Stücke geschnittenen Fische mit Kopf und Gräten und können sich darin tummeln, bis das Fleisch von den Gräten fällt. Dann treiben Sie die Suppe zweimal durch ein feines Sieb, geben Safran dazu und bringen sie noch einmal zum Aufwallen. Der Geschmack wird mit Pfeffer und Petersilie abgerundet.
Die Weißbrotscheiben legen Sie in die angewärmte Terrine und gießen die Suppe darüber. In der Marseiller Gegend ißt man diese Fischsuppe nicht mit Weißbrotscheiben, sondern mit Suppennudeln.

Die Brandade
Brandado oder Gangasso

500 g Stockfisch,
1–2 Weingläser Öl,
3–7 EL Milch,
1 Knoblauchzehe
oder entsprechend
Knoblauchpulver,
Zitronensaft, Pfeffer,
geriebener Muskat,
evtl. Salz.

Der gewässerte Stockfisch kommt in kaltem Wasser aufs Feuer. Gleichzeitig stellt man zwei Töpfchen, in dem einen Öl, in dem andern Milch, so auf, daß sie etwas von der Hitze abbekommen und lauwarm werden. Denn die Herstellung der Brandade vollzieht sich in lauer Temperatur. Fängt das Kochwasser an aufzuwallen, so kommt der Topf auf die Seite, damit der Fisch noch ein bißchen zieht. Dann nimmt man den Fisch heraus und befreit ihn von Gräten und Haut. (Sie können die Haut auch dran lassen; es gibt da nämlich zweierlei sich stracks widersprechende Vorschriften.)

Nun muß der Stockfisch zu Mus gemacht werden. Dazu treiben Sie ihn erst einmal durch den Wolf. In einem hochwandigen Topf, den Sie auf laue Temperatur gebracht haben, zerstampfen Sie das Fleisch mit einer Knoblauchzehe oder Knoblauchpulver. Ist der Fisch in Fasern aufgelöst, tritt der elektrische Rührer in Tätigkeit. Brandado kommt von brandio, Gangasso von gangasser; beide Ausdrücke bedeuten dasselbe: umrühren. Und was für ein Umrühren! Abwechselnd fügt man löffelweise Öl und Milch hinzu, bis sich eine glatte Paste gebildet hat. Ein kräftiger Schuß Zitronensaft, Pfeffer und Muskat runden den Geschmack ab. Dann probieren Sie und ergänzen gegebenenfalls Salz und andere Gewürze.

Bei Öl und Milch sind die jeweils zusammengehörigen Mindest- und Höchstmengen angegeben. Je mehr Öl Sie nehmen, desto sämiger wird die Paste, desto mehr schmeckt aber auch das Öl vor. Bei geringerer Ölzugabe kommt der Fischgeschmack stärker zur Geltung; sollte die Brandade nicht geschmeidig genug sein, geben Sie lauwarmes Wasser dazu. Und das Rührgerät läuft und läuft und läuft...
Die Brandade wird lauwarm angerichtet: mit gerösteten Brotschnitten oder in Pastetenförmchen. Vortrefflich schmecken auch Omeletten mit Brandade-Füllung.

Natürlich ist der provenzalische Hasenpfeffer im Regelfall ein Kaninchenpfeffer. Noch in den fünfziger Jahren, als man noch mit dem Bimmelbähnchen von Trinquetaille nach Saintes-Maries-de-la-Mer fuhr, sah man rechts und links die Karnickel im Gestrüpp der Camargue herumhopsen. Früher soll es, laut Alexander Dumas, um Arles herum soviel Kaninchen gegeben haben, daß ein Jäger, der im Laufe eines Tages nicht wenigstens hundert erlegt hatte, unzufrieden zurückkehrte.

Der Hasenpfeffer
Le civet de lièvre

1 Stück Hasenpfeffer (ca. 700 g), Öl, Speck oder Schweineschmalz, 1 kleingeschnittene Zwiebel, 2 EL Mehl, Salz, 1/8 l Rotwein, 1/2 l Bouillon, 1 gerädelte Karotte, viel Thymian, 1 Sellerieblatt, 200 g Champignons, Pfeffer.
Zur Marinade: *1/2 l Rotwein, etwas Essig, 1 Zwiebel, 1 Nelke, 2 Knoblauchzehen, 1 Thymianstengel, 1 Salbeiblatt, 1/2 Lorbeerblatt, 1 EL Olivenöl, 5 Pfefferkörner, Salz.*

Wenn es ein ganz echter provenzalischer Hasen-(Kaninchen)pfeffer werden soll, verwenden Sie das ganze Tier. Bewahren Sie das Blut für sich auf; damit es nicht gerinnt, geben Sie einen Spritzer Weinessig hinein. Man kann aber auch nur die Teile nehmen, die bei uns gemeinhin als ›Hasenpfeffer‹ erhältlich sind, also Kopf, Brust, Vorder- und Hinterläufe, Lunge, Herz und Leber.
Schneiden Sie alles in Stücke und legen Sie diese – ohne die Leber – in die Marinade, die in einem tiefen Steinguttopf – einem ›Schmalzhafen‹, wie er zu Großmutters Zeit im Gebrauch war – vorbereitet ist. Über Nacht darin ziehen lassen.
Am andern Tag nehmen Sie das Fleisch aus der Marinade und trocknen es gut ab. Mit der Zwiebel im Öl oder Fett rundherum an-

bräunen, Mehl darüberstäuben, umrühren und, wenn das Mehl leicht blond ist, salzen. Jetzt gießen Sie die durchgeseihte Marinade und den Rotwein darüber; wenn die Sauce auf die Hälfte eingekocht ist, schütten Sie langsam die heiße Bouillon hinzu und geben die gerädelte Karotte, ein großes Sträußchen Thymian, das Sellerieblatt und die blättrig geschnittenen Pilze hinein.

Die Kasserolle wird zugedeckt, und der Hasenpfeffer darf eine Stunde sanft vor sich hinkochen.

Zuletzt rösten Sie die Leber in ein bißchen Öl an und streichen sie durchs Sieb in die Sauce, in der sie noch fünf Minuten ziehen soll.

Dann schmecken Sie ab und würzen großzügig mit gemahlenem Pfeffer.

Wenn Sie das Blut des Hasen haben, nehmen Sie die Fleischstücke heraus, passieren die Sauce und geben das gut verquirlte Blut hinein. Die mit dem Blut gebundene Sauce soll recht dick sein, denn: »Jedes Stück Fleisch soll sein Stück Sauce tragen«, so will es ein provenzalisches Sprichwort.

»... wovon sie besonders schwärmt, wenn er wieder aufgewärmt«. Bei Wilhelm Busch ist es der Sauerkohl, das Sauerkraut. In der Provence ist es das Ochsenschmorfleisch, das mit jedem Aufwärmen besser werden soll und von den Provenzalen geradezu als ›Ochsen-Nougat‹ gepriesen wird.

Das Ochsenschmorfleisch
Le bœuf en daube

500 g Ochsenfleisch (Schwanzstück), Thymianpulver, Lorbeerpulver, 1 Kalbsfuß ausgebeint, 2 EL Öl, 50 g fetter Speck, 2 Zwiebeln, in Viertel geschnitten, eines davon mit einer Nelke besteckt, 1 Tomate oder 1 TL Tomatenmark, 1 gerädelte Karotte, 3 Knoblauchzehen, 1 Stückchen getrocknete Orangenschale, 2 Thymianzweigchen, 1 Lorbeerblatt, Petersilienwurzel, Salz, ¹/₄ l heiße Bouillon, gem. Pfeffer, Muskat.
Zur Marinade:
Weißwein, so viel, daß das Fleisch bedeckt ist, 1 Gläschen Cognac, 1 EL Öl, Salz, gem. Pfeffer.

Sie schneiden das Fleisch in Würfel, die Sie in Thymian- und Lorbeerpulver wälzen und legen sie mit dem in Stücke geschnittenen ausgebeinten Kalbsfuß 4–5 Stunden in die Marinade.
In eine gut schließende Kasserolle geben Sie das Öl mit dem gewürfelten Speck. Darauf schichten Sie die Gemüse, die zerdrückten Knoblauchzehen, die Orangenschale und das Kräutersträußchen und würzen mit Salz. Auf dieses Bett kommen die Fleischstückchen mit der Marinade. Darüber gießen Sie heiße Bouillon und lassen aufkochen. Dann wird der Topf gut verschlossen in den vorgewärmten Backofen geschoben, in dem die Daube bei mäßiger Hitze gut und gern vier Stunden schmurgeln soll. Zum Schluß schmecken Sie gut ab mit Pfeffer und einem Hauch Muskat und servieren in der Kasserolle.

Kapernsauce
La Tapénade

Tapéno heißt auf provenzalisch die Kaper; daher hat diese typisch provenzalische Sauce ihren Namen.
Die Oliven, die gewässerten Anchovisfilets, den zerpflückten Thunfisch und die Kapern fein zerstoßen, den Senf unterrühren (oder nicht). Ist alles gut verrührt, so streichen Sie die Masse durch ein feines Sieb. Zu diesem Mus geben Sie langsam, immer rührend, das Öl, fügen die Gewürze bei und runden mit Cognac ab.
Die Tapénade kann man auf Vorrat herstellen. Man füllt sie in ein Glas, bedeckt die Oberfläche mit Öl und bindet mit Alu-Folie zu. Bis zum Gebrauch kommt sie in den Kühlschrank.
Wozu kann man die Tapénade verwenden? Als Würze für Salatsaucen, als pikante Zutat zu kaltem Fleisch oder kaltem Fisch, harten Eiern oder sogar als Brotaufstrich.

200 g schwarze entsteinte Oliven (270 g mit Stein), 100 g Anchovisfilets, 100 g Thunfisch (aus der Dose), 200 g Kapern, 1 EL Senf – kann auch wegbleiben, 2 Weingläser Olivenöl, reichlich gemahlener schwarzer Pfeffer, je 1 Messerspitze Lorbeerpulver, Thymianpulver, Muskat, evtl. Salz, 1 Glas Cognac.

Abschließend zu diesen klassischen Gerichten der Provence möchte ich noch etwas zur Verwendung des Knoblauchs sagen. Der Provenzale liebt ihn nun mal sehr. So wird die Knoblauchzehe zwangsläufig in nur wenigen Gerichten fehlen. Der überwiegende Teil der Rezepte kann jedoch ohne weiteres auch ohne Knoblauch ausgeführt werden. Die Mahlzeit ist dann weniger typisch, schmeckt Ihnen persönlich vielleicht aber besser. Entscheiden Sie also jeweils ganz nach Belieben. Gekochter Knoblauch hat übrigens eine ungleich diskretere Geschmacksnote als die roh zerquetschte Zehe.

Suppen, Vorspeisen und pikante Kleinigkeiten

Suppen

Basilikumsuppe
Soupe au pistou

Von dieser Suppe kennt man die Herkunft: Sie wanderte aus Genua in die Provence ein. Inzwischen ist sie längst eine provenzalische Spezialität geworden, die man allerdings selten auf einer Speisekarte findet.

1 1/2 l Wasser oder Bouillon, 250 g grüne Bohnen, 3 Kartoffeln, 2 Tomaten, 1 Lauchstange, 2 Karotten, Salz, Pfeffer, 100 g Spaghetti.
Zur Pomade:
2 Knoblauchzehen, 2 EL frische Basilikumblätter, 2 EL Öl, gemahlener Pfeffer, 4 EL ger. Schweizer Käse, 2 EL ger. Parmesankäse.

Ins kochende Wasser oder in die Bouillon geben Sie die würfelig geschnittenen Bohnen, dicke Kartoffelrädchen, die enthäuteten und entkernten Tomaten, die Lauch- und die Karottenrädchen. Sind die Gemüse beinahe weich, so schmecken Sie ab und geben die Spaghetti hinein, die Sie auf kleiner Flamme 12–15 Minuten köcheln lassen.
Bis jetzt wäre das eine ganz gewöhnliche Gemüsesuppe, die Sie übrigens noch mit Courgetten und Bohnenkernen anreichern können.
Aber jetzt kommt das Besondere, das der Suppe mit seiner Würzkraft das Aroma verleiht: die Pistou-Pomade.
Während die Suppe kocht, zerstoßen Sie die Knoblauchzehen mit den Basilikumblättchen im Mörser, rühren das Öl ein und fügen zwei Eßlöffel der Suppe dazu. Diese Paste kommt in die angewärmte Suppenschüssel, unter Rühren wird die Suppe darübergeschüttet und mit frisch gemahlenem Pfeffer und dem Käse bestreut.

In alten Geschichten liest man oft, wie alte Zauberinnen durch einen geheimnisvollen Trank einem todwunden Helden das Leben retten. Die folgende Suppe, deren provenzalischer Name auf deutsch ›gekochtes Wasser‹ bedeutet, ist so ein Zaubertrank. ›L'aigo boulido sauvo la vido‹ (Das gekochte Wasser rettet das Leben), sagt ein provenzalischer Merkvers. Jedenfalls eignet sie sich gut dazu, einen verstauchten Magen wieder einzurenken. Vor allem aber steckt in ihr der ganze Duft der Provence, wobei der Knoblauch sich mit den Gewürzen und Kräutern so harmonisch verbindet, daß er nicht vorschmeckt.

Knoblauchsuppe
Aigo boulido

5 Knoblauchzehen, 2 EL Öl, 1 Thymianzweig, 1 Nelke, 1 Salbeiblatt, wenn Sie den Geschmack nicht mögen, nehmen Sie 1/4 Lorbeerblatt, oder sowohl als auch, Salz, 1 l Bouillon, 2 Eigelbe, Pfeffer, getoastete Weißbrotschnitten.

Geben Sie zum Öl die zerdrückten Knoblauchzehen mit Kräutern und Gewürzen, füllen mit Bouillon auf und lassen die Suppe zugedeckt 20 Minuten kochen. Die Eigelbe verquirlen Sie in der warmen Suppenterrine und gießen, ständig rührend, die geseihte, heiße Suppe darüber, fügen Pfeffer hinzu und legen die getoasteten Brotscheiben darauf.
Der Knoblauch ist gekocht sehr bekömmlich, man kann die Suppe daher mit den Knoblauchzehen servieren und nur die Kräuter entfernen: das ist Geschmackssache.

Provenzalische Zwiebelsuppe Thourins

150 g Zwiebeln, 50 g Butter, 10 g Mehl, 1 l kochende Milch, Salz, Pfeffer, 35 g Suppennudeln, 2 Eidotter, 6 EL süße Sahne, 1 EL Butter, 150 g geriebener Käse.

Die feingeschnittenen Zwiebeln dämpfen Sie hellblond in Butter, bestäuben mit Mehl und rühren um, damit sich das Mehl mit den Zwiebeln verbindet. Dann löschen Sie mit kochender Milch ab und rühren weiter, um Knollen zu vermeiden. Ist die Suppe schön glatt, soll sie 20 Minuten auf kleinem Feuer kochen. Dann schmecken Sie mit Salz und Pfeffer ab, geben die Suppennudeln hinein und kochen sie weich.

Die Eidotter verquirlen Sie mit Sahne und rühren sie kurz vor dem Servieren in die Suppe, die Sie noch mit Butter verfeinern.

Wer will, nimmt sich geriebenen Käse dazu; er steht in einem Schälchen gesondert auf dem Tisch.

Wenn Sie in einem Restaurant auf der Speisekarte Zwiebelsuppe lesen, sei es in Paris, Arles oder Marseille, so werden Sie stets die käseüberbackene Zwiebelsuppe der Hallen von Paris vorgesetzt bekommen und selten diese schmackhafte und sättigende Variante aus der Provence.

Muschelsuppe
Soupe aux moules

24 Muscheln, 1 EL Butter, 2 EL Öl, 2 Zwiebeln, das Weiße von 1 Stange Lauch, 2 Knoblauchzehen, 2 Tomaten, 1 Messerspitze Safran, Pfeffer.

Wie Sie die Muscheln vorbereiten, finden Sie unter dem Rezept ›Muscheln à la marinière‹.

Aus den geöffneten Muschelschalen lösen Sie die Muscheln, schneiden die Bärte ab und zerhacken das Fleisch. Die Muschelbrühe seihen Sie durch ein feines Tuch und halten sie warm.

In Butter und Öl dünsten Sie die zerkleinerten Gemüse mit dem breitgedrückten Knoblauch fünf Minuten, gießen so viel von der Muschelbrühe darüber, wie Sie zu der Suppe benötigen, würzen mit Safran, fügen das Muschelfleisch hinzu und kochen die Suppe auf. Vielleicht müssen Sie noch nachsalzen; meist ist es nicht nötig, aber Pfeffer darf nicht fehlen.

Wollen Sie die Suppe besonders nahrhaft machen, fügen Sie gekochten Reis hinzu oder stellen Sie knusprig geröstete Brotscheiben auf den Tisch.

Der römische Kaiser Nero hatte bekanntlich schauspielerischen Ehrgeiz. Deshalb ließ er sich jeden Tag eine Lauchsuppe zubereiten, um beim Deklamieren eine klare und wohlklingende Stimme zu haben. Die Römer schrieben nämlich dem Lauch diese Wirkung zu.

Lauch-Kartoffelsuppe
Soupe aux poireaux et pommes de terre

1¼ l Wasser, Salz, 200 g Lauch, 500 g Kartoffeln, ½ l Milch, 30 g Butter, Pfeffer, geröstete Weißbrotwürfel.

Den gereinigten Lauch und die Kartoffeln schneiden Sie in Stücke, die Sie auf kleinem Feuer in leicht gesalzenem Wasser in ca. 50 Minuten weich kochen, durchs Sieb pressen, die kochende Milch darübergießen, gut untereinanderrühren und die Suppe noch einmal aufwallen lassen. Rühren Sie die Butter ein, würzen Sie mit Pfeffer und belegen Sie die Suppe mit Weißbrotwürfeln.

Tomatensuppe
Soupe aux tomates

Im heißen Öl dämpfen Sie die gehackten Zwiebeln mit den geschälten Tomaten 10 Minuten, löschen mit Bouillon ab, fügen Salz, die ganze Knoblauchzehe und das Lorbeerblatt bei. Hat die Suppe noch eine weitere Viertelstunde gekocht, nehmen Sie das Lorbeerblatt heraus und geben die Suppennudeln hinein; nach 7–8 Minuten sind sie weich. Streuen Sie Pfeffer und Schnittlauch über die Suppe und als Krönung geriebenen Käse.

5 EL Öl, 2 Zwiebeln, ca. 8 reife Tomaten, ¾ l Bouillon, Salz, 1 Knoblauchzehe, 1 Lorbeerblatt, 175–200 g Suppennudeln, Pfeffer, Schnittlauch, 100 g Reibkäse.

Anchovispaste
Anchoiade

4 Anchovisfilets (oder Paste), 2 Knoblauchzehen, Olivenöl, 1 kleingeschnittene Zwiebel, geh. Petersilie, Pfeffer, einige Tropfen Weinessig, geröstete Toastscheiben, Petersilie, Knoblauch, 1 hartgekochtes Ei, Brösel.

Die entsalzten Anchovisfilets mit Knoblauch, Olivenöl, Zwiebel, Petersilie und etwas Pfeffer zu einer Paste zerstampfen. Man kann sich's auch leichter machen und gleich Anchovispaste mit den Zutaten verrühren. Wer sauer liebt, gibt noch einige Tropfen Weinessig hinein. Die Paste streicht man auf Toastscheiben, bestreut diese mit Petersilie und Knoblauch, legt hartgekochte Eischeiben darauf, streut Brösel darüber, beträufelt mit Öl und überkrustet sie.

Röstbrot auf provenzalisch
Rôties à la provençale

Weißbrot, Olivenöl, Anchovisfilets, Pfeffer. – Orangensaft.

Von den Brotscheiben die Kruste entfernen. In sehr heißem Olivenöl frittieren, bis sie eine schöne Farbe haben, abtropfen lassen. Die entsalzten Anchovisfilets halbieren. Auf jede Brotscheibe ein halbes Anchovisfilet mit zerstoßenem Pfeffer geben, mit Olivenöl benetzen. Als Zwischengericht mit Orangensaft servieren.

Warmbad
Bagna caudo

75 g Butter, 75 g Öl, 3 Knoblauchzehen, 5 Anchovisfilets, 1 Prise Thymian, Weißbrotwürfel.

Butter und Öl werden erhitzt, die gestiftelten Knoblauchzehen, die gewässerten, gut abgetropften Anchovisfilets und den Thymian dazugeben. Nun heißt es aber gut aufpassen: Der Knoblauch darf keine Farbe annehmen; Sie glauben gar nicht, wie schnell er schwarz wird. Bleiben Sie dabeistehen, bis die Anchovisfilets geschmolzen sind. Dann ist die Sauce fertig. Und man tunkt – wie in eine Fondue – Brotwürfel hinein.

Warmes Tomatenbrot
Croûtes à la provençale

Weißbrotscheiben, Tomatenfondue (s. S. 44), schwarze Oliven, Anchovisfilets, Brösel, geschmolzene Butter, gehackte Petersilie.

Weißbrotscheiben bestreicht man mit Tomatenfondue. Darauf kommen je nach Größe der Brotscheiben einige blanchierte, entsteinte schwarze Oliven, die jeweils mit einem gewässerten Anchovisfilet umschlungen werden. Mit Bröseln bestreut und etwas Butter beträufelt, kommen die Brotscheiben in die Backröhre und werden erhitzt. Vor dem Anrichten gehackte Petersilie darüberstreuen.

Gefüllte Eier
Œufs farcis

Hartgekochte Eier, junges Gemüse der Jahreszeit, Mayonnaise, Schnittlauch, Petersiliensträußchen zum Verzieren.

Die Eier halbieren, aushöhlen, das Eigelb kleinhacken und auf die Seite stellen.
Junges Gemüse mit Mayonnaise vermischen und damit aufgehäuft die Eihälften füllen. Die Eier mit gehacktem Eigelb und Schnittlauch verzieren und mit Petersiliensträußchen einrahmen. Zur Füllung eignen sich gekochte Gemüse aller Art, z. B. Blumenkohlröschen, Spargelspitzen, das Weiße vom Lauch, gerädelt, Karottenscheiben, in Stifte geschnittene Sellerie.
Statt Eier kann man auch ausgehöhlte Tomaten oder dicke Gurkenscheiben so füllen.

Artischocken im Würzbad
Artichauts en marinade

4 Artischockenböden aus der Dose, 3 EL Olivenöl, $^1/_4$ l Wasser, Saft einer Zitrone, 1 Sellerieblatt, 1 Petersilienzweig, $^1/_2$ Lorbeerblatt, 1 Knoblauchzehe, Salz, Pfeffer.

Die Zutaten werden eine Viertelstunde lang gekocht. Dann seihen Sie den Sud ab und geben die abgetropften Artischockenböden hinein. Kalt stellen.

Schmorhuhn nach Madame Renoir

Schneiden Sie das Huhn in vier Teile, die Sie salzen und pfeffern und in einer Kasserolle – außer der Leber – goldbraun im heißen Olivenöl anbraten. Die knusprigen Stücke legen Sie auf eine warme Platte mit Fließpapier. Mit einem Stück Butter kommen sie wieder in die Kasserolle mit den zerschnittenen Zwiebeln, der Knoblauchzehe, die Sie mit dem Handballen etwas eingedrückt haben, den geschälten Tomaten (oder Tomatenmark) und den Kräutern. Das heiße Wasser darübergießen, würzen und von Zeit zu Zeit umrühren, damit nichts anhängt. So lassen Sie das Huhn auf kleinem Feuer zugedeckt eine gute halbe Stunde vor sich hinschmoren. Dann geben Sie die blättrig geschnittenen Pilze, die schwarzen Oliven (Achtung! nicht jedermann mag den etwas bitteren Geschmack, den die schwarzen Oliven bei uns oft haben) und die geschabte Leber hinein und lassen es noch eine weitere halbe Stunde schmoren. Jetzt Deckel hoch, ein Gläschen Cognac in die Kasserolle … ist er verdampft, so streuen Sie gehackte Petersilie darüber und richten an.

---

1 Huhn, Salz, Pfeffer, 3 EL Olivenöl, 30 g Butter, 2 mittelgroße Zwiebeln, 1 Knoblauchzehe, 4 Tomaten – oder 1 EL Tomatenpüree, 1 Sträußchen Petersilie, 1 Thymianzweig, 1 Lorbeerblatt, ½ l heißes Wasser, 200 g Champignons, 2 EL schwarze Oliven – oder nicht, 1 Gläschen Cognac, Petersilie zum Bestreuen.

Muschelsalat
Salade de moules

Die Muscheln werden vorbereitet, wie es für die Muscheln nach Seemannsart (s. S. 54) angegeben ist. Aus dem grob zerhackten Muschelfleisch mit Essig, Öl, Pfeffer und eventuell Salz den Salat bereiten. Gut durchziehen lassen. Man kann noch gehackten Kerbel und Estragon sowie hartgekochte, gehackte Eier hinzufügen.
Knoblauchliebhabern schmeckt der Salat noch besser, wenn er mit Sauce Aillade (s. S. 45) angemacht wird.

Muscheln, Essig, Öl, evtl. Salz, Pfeffer, Kerbel, Estragon, harte Eier.

Tapénade-Eier
Œufs à tapénade

Aus den Eiern den Dotter herausnehmen und gut mit Tapénade verreiben. Man kann ein paar Tropfen Öl zufügen, damit die Paste schön geschmeidig wird. Damit werden die Eier gefüllt.

Pro Person 1 hartgekochtes Ei, Tapénade (s. Seite 21), Öl.

Knoblauchbrot
Pain à l'aillade

Weißbrotscheiben, Knoblauch, Olivenöl.

Mögen Sie Knoblauch? Dann reiben Sie eine geröstete Weißbrotscheibe – solange sie noch heiß ist – kräftig mit Knoblauch und geben Sie noch ein paar Tropfen Olivenöl darüber. Wenn Sie Gäste haben, würde ich allerdings dieses Rezept nicht empfehlen; manchem könnte das ›parfum du midi‹ zu kräftig sein.

Tomaten mit Thunfisch
Tomates au thon

2 Tomaten, 50 g Thunfisch aus der Dose, wenig Mayonnaise, schwarzer Pfeffer, Salz, grüne Salatblätter zum Verzieren, schwarze Oliven.

Große Tomaten werden ausgehöhlt. Der zerpflückte Thunfisch wird mit Mayonnaise, Pfeffer und Salz vermischt und die Tomaten damit gefüllt. Auf grüne Salatblätter setzen und mit schwarzen Oliven einrahmen.

Auberginen-Brötchen
Canapés aux aubergines

Die geschälten Auberginen halbiert man der Länge nach und dünstet sie im heißen Öl weich, zerdrückt sie mit einer Gabel und läßt sie abkühlen. Man vermischt sie mit gut gewürzter Mayonnaise und streicht die Paste dick auf Weißbrotschnitten. Rote Tupfen aus Tomatenmark bilden eine ansprechende Verzierung.

Auberginen, Öl, Mayonnaise, Weißbrotschnitten, Tomatenmark.

Hirtenvesper
Casse-Croûte des gardians de Camargue

Die vielseitige Tapénade (s. Seite 21) verleiht belegten Broten aller Art eine provenzalische Note.
Wer's scharf mag, kann sogar ein Röstbrot nur mit der Tapénade bestreichen. So lieben es die Hirten in der Provence.

Krabbenragout
Ragoût de crevettes

250 g Krabben oder Langustinen, 50–75 g Champignons aus der Dose, 50 g Butter, 1 EL Tomatenmark, 1/2 Glas Weißwein, 1 Eigelb, Saft einer halben Zitrone, Salz, Pfeffer, 1 EL ger. Käse, 1 EL geh. Petersilie, Butter für die Form.

Die Pilze aus dem Döschen lassen Sie gut abtropfen und schneiden sie klein, dünsten sie einige Minuten in Butter mit dem Tomatenmark und löschen mit Weißwein und dem Saft aus der Dose ab. Dann ziehen Sie die Pfanne vom Feuer, rühren Eigelb und Zitronensaft unter, würzen pikant mit Salz und Pfeffer, mischen die Krabben darunter und geben das Ganze in eine ausgebutterte feuerfeste Form. Mit Käse bestreuen und für 15 Minuten in den Backofen schieben. Darüber verteilen Sie Petersilie.

Gebadetes Brot
Pan bagnat

Weißbrotscheiben, Olivenöl, Tomatenscheiben, Zwiebel, Anchovisfilets, Kapern oder schwarze Oliven.

Die Brotscheiben (nicht geröstet) werden nach Belieben mit Olivenöl befeuchtet (›gebadet‹) und mit Tomatenscheiben und Zwiebelringen belegt. Darauf kommen Anchovisfilets und Kapern oder schwarze Olivenringe. Kalt, oder 1 Minute von unten in der Pfanne geröstet, die belegten Brote servieren.

Appetitbissen mit Schinken
Bouchées au jambon

Blätterteig aus der Tiefkühltruhe, 100 g gekochter oder roher Schinken, 2 hartgekochte Eier, Mayonnaise aus der Tube, 1 EL geh. Schnittlauch, 1 EL geh. Petersilie.

Den Blätterteig wellen Sie dünn aus und schneiden gleichmäßige Vierecke daraus, die Sie mit einer Gabel stupfen, damit sie beim Backen keine Blasen werfen. In den vorgewärmten Ofen legen Sie die Stücke auf ein nasses Blech (nicht gefettet) und backen sie bei guter Hitze hellgelb. Sind sie abgekühlt, so belegen Sie die einzelnen Stücke mit Schinken, den Sie in der gleichen Größe schneiden, legen Eischeiben darauf und überziehen die Flecken mit der Mayonnaise, die Sie mit dcn Kräutern mischen.
Vom übrig gebliebenen Blätterteig (nie zusammenkneten, stets aufeinanderlegen) können Sie Fleurons ausstechen: den Teig messerrückendick auswellen, Halbmonde ausstechen und mit Eigelb bestreichen. Bei guter Hitze backen und warm als Beilage zu Gemüse geben.

Canapés mit Brandade
Canapés à la Brandade

Toastschnitten, Brandade (s. Seite 16). Reibkäse.

Toastschnitten werden gegrillt und mit einer dicken Schicht Brandade bestrichen, Käse darübergestreut und im Backofen überkrustet.

Sardinen-Püree
Purée de sardines

3 Ölsardinen, 1 hartgekochtes Ei, Petersilie.

Eidotter mit den Ölsardinen durchs Haarsieb drücken. Gründlich vermischen und in eine gefällige Form bringen oder direkt aufs Brot streichen. Mit gehacktem Eiweiß und Petersilie verzieren.

Warme Eiergerichte

Estragon-Eier
Œufs Dumas à la provençale

1 Wasserglas Olivenöl, 6 Eier, Salz, Pfeffer, 4–5 EL Estragon-Essig, 1 EL geh. Petersilie.

Während Sie das Öl erhitzen, schlagen Sie in eine Tasse ein Ei, das Sie mit Salz und Pfeffer würzen. Ist das Öl gut heiß, so lassen Sie das Ei hineinrutschen. Das festwerdende Eiweiß schlagen Sie mit einem Löffel über den Dotter und wenden um. Ist das Ei auf beiden Seiten schön hellbraun, lassen Sie es auf einem Haarsieb abtropfen. So geben Sie ein Ei nach dem andern ins heiße Öl. Auf einer warmen Platte häufen Sie die Eier übereinander. Sind sie fertig, so geben Sie langsam den Essig ins Öl und übergießen die Eier mit der heißen Sauce. Vor dem Anrichten mit Petersilie bestreuen.

Tomaten-Rührreier
Œufs brouillés aux tomates

2 EL geh. Zwiebeln, 30 g Butter, 4 reife Tomaten, Salz, Pfeffer, Thymian, 1 EL geh. Petersilie. – 6 Eier, Salz, Pfeffer.

Dämpfen Sie die gehackten Zwiebeln in der zerlassenen Butter blond. Geben Sie die geschälten, geviertelten Tomaten dazu, dekken Sie die Pfanne zu und dünsten die Tomaten, bis sie zerschmolzen sind. Würzen Sie mit Salz, Pfeffer, Thymian und Petersilie. Dann geben Sie die mit Salz und einem Hauch Pfeffer gewürzten Eier hinein und verrühren gut, damit sich Tomaten und Eier innig verbinden.

Auberginen-Eier-Gericht
Œufs aux aubergines

500 g Auberginen, 1–2 EL Öl, 125 g Zwiebeln, 2 EL Butter, 250 g Tomaten, 1 Knoblauchzehe, Salz, Pfeffer, 1 Kaffeetasse Weißwein, 1 Kaffeetasse Bouillon. – 6 Eier, 1 1/2 EL Butter, 75 g Reibkäse, Butterflöckchen, Butter für die Gratinierpfanne.

Schneiden Sie die geschälten Auberginen in Rädchen, streuen Sie Salz darüber und lassen Sie sie 30 Minuten ziehen. Dann wischen Sie die Rädchen mit einer Serviette ab und dämpfen sie in Öl in wenigen Minuten weich.

Die feingehackten Zwiebeln lassen Sie in Butter glasig werden, geben die geschälten, entkernten Tomaten und die zerstampfte Knoblauchzehe dazu und würzen mit Salz und Pfeffer. (In Nizza fügt man noch gehackten Kerbel und Estragon hinzu). Einige Minuten auf großer Flamme kochen lassen. Dann schütten Sie Weißwein und Bouillon darüber und lassen die Sauce eindicken. Nach einer Viertelstunde nehmen Sie den Topf vom Feuer.

Inzwischen erhitzen Sie die Butter in der Stielpfanne, geben die gesalzenen, geschlagenen Eier hinein, rühren mit der Gabel, bis sie geronnen, aber noch locker sind.

Nun setzen Sie in eine gebutterte Gratinierpfanne zuerst die gedämpften Auberginen, darauf die Tomaten, darüber die Rühreier. Über das Ganze streuen Sie Reibkäse, verteilen Butterflöckchen und schieben die Pfanne in den Backofen, so lange, bis der Käse anfängt, sich leicht zu bräunen.

Poschierte Eier
Œufs pochés

Zum Poschieren:
1 l Wasser, 2 EL Essig, 10 g Salz, 4 Eier. – 2 Tomaten, Salz, Pfeffer, Knoblauchpulver, Öl, 500 g Auberginen, Salz. – Tomatenfondue, Petersilie.

Das aufgeschlagene Ei ins kochende Essigwasser gleiten und ca. 3 Minuten festwerden lassen (poschieren); im Wasser warmhalten. Nun schälen Sie die Tomaten, halbieren sie, salzen und pfeffern und geben einen Hauch Knoblauchpulver darüber; die Auberginen werden geschält und gerädelt. Garen Sie die Tomaten und die Auberginen getrennt im heißen Öl, aber nicht zu weich.
Nebenher bereiten Sie das Tomatenfondue zu, wie es bei den Saucen (s. Seite 44) angegeben ist. Und nun setzen Sie auf eine runde angewärmte Platte die Tomatenhälften in die Mitte, darauf kommt je ein poschiertes Ei und darüber das Tomatenfondue. Außen herum in einem Kranz liegen die Auberginenscheibchen. Über das Ganze streuen Sie gehackte Petersilie.

Omelette mit Artischocken
Omelette aux artichauts

6 Artischockenböden aus der Dose, Butter zum Dünsten, 6 Eier, Salz, Pfeffer.

Die Artischockenböden gut abtropfen lassen, quer durchschneiden und kurz in heißer Butter dünsten. Nebenher verquirlen Sie die Eier, würzen mit Salz und Pfeffer, mischen die Artischocken darunter und backen die Omelette wie üblich.

Saucen

Warme provenzalische Sauce
Sauce provençale chaude

4 EL Öl, 1 EL geh. Zwiebeln, 2 EL Tomatenmark, 1 EL Mehl, 1–2 Weingläser trockener Weißwein, Kräutersträußchen aus Kräutern der Provence: ½ TL Thymian, wenig Rosmarin, 2 Messerspitzen Bohnenkraut, ebenso viel Basilikum, 1 Lorbeerblatt, Salz, Pfeffer, 30 g Butter, 1 EL geh. Petersilie.

Im heißen Öl erhitzen Sie die Zwiebeln mit dem Tomatenmark, dämpfen das Mehl 10 Minuten mit, ehe Sie mit Weißwein ablöschen. Nun geben Sie die Kräuter und Gewürze dazu und kochen die Sauce eine halbe Stunde. Dann wird sie durchs Sieb passiert und noch einmal aufgekocht; Sie ziehen die Butterschnitzel unter und streuen gehackte Petersilie darüber.
Vielleicht erinnern Sie sich, daß Ihnen eine solche Sauce in der Provence einmal zu einem gegrillten Fisch gut geschmeckt hat. Sie paßt aber auch zu gebratenem Geflügel.

Tomatenfondue
Fondue de tomates

100 g Zwiebeln, 30 g Butter, 500 g Tomaten, Salz, Pfeffer, 1 TL gehackter Estragon, 1 TL gehackter Kerbel.

Lassen Sie die gehackten Zwiebeln in der heißen Butter gelb werden. Geben Sie die enthäuteten, entkernten Tomaten mit Salz, Pfeffer dazu und dämpfen sie so lange, bis sie zu einer dicken Sauce zerfließen. Nun streuen Sie die gehackten Kräuter darüber. Man kann damit schmackhafte Hors d'œuvre bereiten, Auberginen oder Champignons füllen oder Eier, Fische und Geflügel damit garnieren.

Kalte provenzalische Sauce
Sauce provençale froide

Die geschlagene Mayonnaise stellen Sie kalt.
Die zermalmten Knoblauchzehen und die gewässerten Anchovisfilets zerstoßen Sie ganz fein im Mörser und ziehen diese Paste unter die Mayonnaise. Das Ganze runden Sie mit Zitronensaft ab.
Kalt ist diese provenzalische Sauce, und kalt ist auch der gegrillte Fisch, zu dem sie schmeckt.

Für die Mayonnaise:
1 rohes Eigelb, 1/4 l Olivenöl, 1 EL kaltes Wasser, Pfeffer, evtl. Salz. – 2 Knoblauchzehen, 3 Anchovisfilets, Zitronensaft.

Knoblauch-Sauce
Aillade

Die geschälten Knoblauchzehen verreiben Sie mit Salz und vermischen sie mit den anderen Zutaten und lassen sie eine Stunde ziehen.
Diese würzige Sauce paßt gut zu kaltem Fleisch oder Fisch und zu fast allen Salaten und Gerichten, die man sonst mit Sauce Vinaigrette anmacht und denen Sie einen Hauch Provence verleihen möchten.

3 Knoblauchzehen, Salz, 1 EL Weinessig, 2 EL Olivenöl, 1 EL feingewiegte Petersilie, 1 EL feingeschnittener Schnittlauch, 1 EL gehackte Schalotten, Pfeffer.

Grüne Sauce
Sauce de Martigues

Eine Handvoll Kräuter zu gleichen Teilen (soweit jeweils greifbar): Kresse, Petersilie, Kerbel, Estragon, 5 Spinatblätter, 4 Sardellenfilets, 2 EL Kapern, 2 Silberzwiebelchen, 3 Cornichons, 2 hartgekochte Eier, 30 g Butter, Weinessig oder Zitronensaft, ca. 1/4 l Öl, Schnittlauch.

Blanchieren Sie die Kräuter und die Spinatblätter, lassen Sie sie gut abtropfen; noch besser: in einem Tuch gut ausdrücken. Dann im Mörser zu Püree zerstoßen.
Die gewässerten Sardellenfilets und die anderen Zutaten werden fein verwiegt, dazu kommen die Eidotter und Butter, die durch ein Sieb gestrichen werden und schließlich wird alles mit dem Kräuterpüree sorgfältig vermengt. Nach einem Spritzer Weinessig oder entsprechend Zitronensaft geben Sie Tropfen um Tropfen Öl dazu, die Menge richtet sich danach, wie dünnflüssig Sie die Sauce wünschen, und rühren laufend um, am einfachsten mit dem elektrischen Rührgerät.
Mit Schnittlauch bestreut macht diese sättigende Sauce vom Ufer des Etang de Berre schon einfaches heißes Siedfleisch zu einem leckeren provenzalischen Gericht.

Fische, Muscheln und Schnecken

Graf Mirabeau, eine der großen Gestalten in der Französischen Revolution, war ein temperamentvoller Sohn der Provence, von dem manch pikantes Histörchen berichtet wird; aber auch ein pikantes Fischgericht trägt seinen Namen:

Seezunge Mirabeau
Sole Mirabeau

500 g Fischfilet, Salz, Pfeffer, 1/2 Zitrone, Mehl, 1 Ei, Brösel.
Zur Anchovisbutter:
8 Anchovisfilets, 60 g Butter.
Zum Garnieren:
soviel Anchovisfilets wie Fischstücke, Estragonblätter.

Die Filetscheiben leicht mit Salz und Pfeffer würzen, mit Zitronensaft beträufeln, in Mehl, geschlagenem Ei und Brösel wenden. Die gewässerten Anchovisfilets entgräten, durchs Sieb reiben und mit der schaumig gerührten Butter vermengen. Diese Anchovisbutter gibt man – bis auf einen kleinen Teil, den man zum Garnieren braucht – in die Pfanne und erhitzt sie. Wenn sie schön goldbraun ist, backt man darin die Fischstücke knusprig.
Garnieren Sie mit Kringeln von entsalzten Anchovisfilets, die Sie in der Mitte mit einem Anchovisbutterbällchen füllen und bestreuen Sie die Filetstücke mit Estragonblättern.
Mit Seezungenfilets schmeckt es tatsächlich am besten. Man kann aber auch Filets von anderen Seefischen, wie Schollen, Heilbutt und sogar Kabeljau verwenden und sie à la Mirabeau zubereiten. Sie sollen nur nicht allzuviel dicker sein als Seezungenfilets.

ENTRE-DEUX-MER
APPELLATION CONTROLEE
BORDEAUX

Heilbutt in Bordeaux

Zunächst die Zwiebeln schälen, in Ringe schneiden und 10 Minuten vorblanchieren. 4 Scheiben Heilbutt (750 g) gut waschen, mit dem Zitronensaft säuern und salzen. In einer feuerfesten Form die Hälfte der Butter in Flöckchen verteilen, darauf die vorblanchierten Zwiebeln und darüber die Heilbuttscheiben anordnen. Die Pfefferkörner und das Lorbeerblatt zugeben und mit dem Weißwein übergießen. Dann die restliche Butter in Flöckchen auf dem Fisch verteilen. Die Form mit Alu-Folie abdecken, ca. 10 Minuten im vorgeheizten Ofen dünsten, dann die Folie entfernen. Die Tomatenscheiben auf dem Fisch verteilen, die Sahne darübergießen und den Fisch nochmals ca. 10–15 Minuten gar dünsten. Mit Petersilie bestreuen und mit Salzkartoffeln und frischem Salat servieren. Dazu einen ENTRE-DEUX-MERS reichen.
Sie können übrigens den Heilbutt durch ein anderes gutes Fischfilet ersetzen.

---

750 g Heilbutt, 80 g Butter, Saft 1/2 Zitrone, 1/2 TL Salz, 2 Zwiebeln, 1/2 TL Pfefferkörner, 1 Lorbeerblatt, 1/2 l Weißwein (ENTRE-DEUX-MERS) 2 Tomaten in Scheiben, 4 EL Sahne.

Kabeljau auf Tomatenbett
Cabillaud à la provençale

500 g Kabeljaufilet, Zitronensaft, 100 g Zwiebeln, 500 g Tomaten, Salz, Thymianpulver, 1 Knoblauchzehe, Pfeffer, gehackte Petersilie, Brösel, zerlassene Butter, Öl zum Auspinseln der Form.

Die Fischstücke salzen, mit Zitronensaft säuern und eine Weile im Porzellanteller ruhen lassen.
Inzwischen bepinseln Sie die Gratinierpfanne mit Öl und legen sie mit Zwiebelscheiben aus. Darüber geben Sie die Hälfte der enthäuteten, dicken Tomatenscheiben, die Sie mit Salz, Pfeffer, Thymianpulver und zerriebenem Knoblauch würzen.
Auf dieses Bett legen Sie die Filets, die Sie mit Pfeffer bestreuen. Darüber schichten Sie die restlichen gewürzten Tomatenscheiben, viel Petersilie, Brösel und zerlassene Butter. Schieben Sie die Gratinierpfanne für eine halbe Stunde in den vorgewärmten Backofen.
Man kann das Rezept auch abwandeln: Ehe Sie die Fische auf das Gemüsebett legen, gießen Sie 1 Glas Weißwein über die Tomaten und Zwiebelscheiben und lassen ihn etwas einkochen. 1 EL Butter und 1 EL Mehl verrühren Sie mit 2 EL Bouillon, geben diese Masse dazu und mischen alles gut untereinander. 10 Minuten kochen lassen, die Fische dazugeben und zugedeckt garkochen.

Schollenfilet mit Spinat
Carrelet aux épinards

1 Paket Tiefkühlspinat (600 g), 1 gestrichener EL Butter, 1 Knoblauchzehe, Salz, Pfeffer, Muskat, Zitronensaft. – 500 g Filet von der Scholle oder einem anderen Seefisch, Salz, Pfeffer, Zitronensaft, Brösel, Knoblauchpulver, reichlich Öl, damit die Fische darin schwimmen.

In der heißen Butter lassen Sie den Spinat zerfließen, rühren gehackten Knoblauch, Salz, Pfeffer, Muskat und Zitronensaft hinein und dämpfen einige Minuten.
Nebenher würzen Sie die Fischfilets, beträufeln sie mit Zitronensaft und wälzen sie in Bröseln (mit einem Hauch Knoblauchpulver). Im glühend heißen Öl backen Sie die Filets knusprig heraus und tragen sie mit dem Spinat auf.

Thunfisch-Kasserolle
Thon à la casserolle

500 g Thunfisch, 1 kleingewürfelte Zwiebel, 1/2 Kaffeetasse Öl, 2 Tomaten, Salz, Pfeffer, 1 Glas Weißwein.
Zur Beize: *1/2 Kaffeetasse Öl, Saft einer Zitrone, je 2 gerädelte Zwiebeln und Karotten, 1 Knoblauchzehe, Lorbeerblatt und Thymianzweig.*

Erst kommt der Thunfisch 2 Stunden lang in die würzige Beize. Wenden und übergießen Sie ihn immer wieder, damit er sich richtig mit dem Aroma der Provence vollsaugt.
Dann lassen Sie in einer Kasserolle die Zwiebel im Öl leicht erblonden, zusammen mit den zerdrückten Tomaten ohne Haut und Kerne. Geben Sie den Thunfisch dazu und schmecken Sie ab. Dann wird mit dem Weißwein und der Beize abgelöscht und die Kasserolle zugedeckt. Nach etwa einer Stunde oder etwas mehr können Sie den Fisch mit der durchgeseihten Sauce anrichten.

Gebackener Kabeljau
Cabillaud frit

Die Fischfilets schneiden Sie in Stücke, die nicht größer sind als eine Streichholzschachtel. Mit Salz, Pfeffer und Zitronensaft durchziehen lassen, im Mehl drehen und im heißen Öl auf beiden Seiten braun braten. Warm stellen.
Wer sich's einfacher machen will, verwendet die bereits gebackenen Fischstäbchen aus der Tiefkühltruhe.
Zur Kapernsauce rösten Sie im heißen Öl die gehackten Zwiebeln und das Mehl hellgelb, gießen mit heißer Fleischbrühe und Weinessig auf, schlagen kräftig mit dem Schneebesen, damit es keine Knollen gibt, und kochen die Sauce auf die Hälfte ein. Geben Sie die feinverwiegten Kapern mit dem kleingeschnittenen Lauch, den Sellerieblättern und den Kräutern in die Sauce und lassen Sie alles gut verkochen. Würzen Sie mit Salz und Pfeffer. Wenn Sie die Sauce mild mögen, fügen Sie süße Sahne hinzu.
Nun legen Sie die Fischstückchen in eine gebutterte Kasserolle, gießen die Kapernsauce darüber und lassen sie auf schwachem Feuer eine Viertelstunde durchziehen.

500 g Fischfilet, Salz, Pfeffer, Zitronensaft, Mehl zum Wenden, Öl zum Ausbacken.
Zur Kapernsauce:
4 EL Öl, 1 EL geh. Zwiebeln, 4 gestrichene EL Mehl, ¾ l Fleischbrühe, ⅛ l Weinessig, 100 g Kapern, 1 Lauchstange, 1 Stengel Selleriegrün, 1 Prise Thymian, 1 Lorbeerblatt, Salz, Pfeffer, ⅛ l süße Sahne nach Belieben.

Gebackene Tintenfische
Seiches frites

500 g Tintenfisch, Brösel, Öl, Salz, geh. Basilikum.

Der kleine ›Kopf‹ wird abgetrennt und weggeworfen. Nun ziehen Sie die Schleimhaut ab und schneiden den Fisch in der Länge auf. Mittelknochen und Innereien werden entfernt, falls notwendig auch die Fischblase. Nun waschen Sie den Fisch gründlich und klopfen das Fleisch weich. Körper und Tentakeln werden in gleich große Stücke geschnitten, in Bröseln gewälzt und im schwimmenden Öl gebacken. Achtung! Die Tintenfische sind wasserhaltig, es kommt deshalb leicht zu Fettspritzern. Also Deckel drauf und den Kurzzeitwecker auf 7 Minuten einstellen. Danach legen Sie die Fischstücke auf Filterpapier, salzen und streuen gehacktes Basilikum darüber und servieren rasch, solange sie noch knusprig sind.

Gefüllter Karpfen
Carpe farcie

Für 4 Personen

1 Karpfen (etwa 1 kg), Salz, 2 EL Öl, 50 g Butter.
Zur Fülle: *50 g Zwiebeln, 4 EL Öl, 75 g Champignons, 100 g Brösel, 1 hartgekochtes Ei, je 1 EL geh. Schnittlauch und Petersilie, Salz, Pfeffer, Muskat.*

Erst wird der Karpfen vorbereitet: entschuppen, am Bauch der Länge nach aufschneiden, ausnehmen und waschen. Dann schneiden Sie die Wirbelsäule mit den Gräten heraus. Wenn Sie dabei den Rücken durchschneiden, so ist das ein kleiner Fehler, dem leicht abzuhelfen ist. Den Karpfen leicht salzen.
Nun kommt die Fülle an die Reihe: Hacken Sie die Zwiebeln und die Champignons klein. Die Zwiebeln geben Sie mit Öl in ein Pfännchen und fügen, wenn sie glasig sind, die gehackten Pilze hinzu. Sie sollen nur ganz kurz anlaufen und werden dann gleich vom Feuer genommen. Den Pfanneninhalt mischen Sie nun gründlich mit den Bröseln, dem zerhackten Ei, Schnittlauch und Petersilie und würzen mit Salz, Pfeffer und etwas Muskat.
Der Karpfen wird gefüllt, am Bauch – und notfalls auch am Rücken – vernäht, in Öl und Butter gebraten und im Bratensaft angerichtet.

Muscheln nach Seemannsart
Moules à la marinière

30–35 Muscheln, 2 Zwiebeln, 50 g Karotten, 1 Prise Thymian, 1 Prise Fenchel, 1 Büschel Petersilie, 1/4 Lorbeerblatt, 8 Pfefferkörner, 1 Nelke, 3/4 l Wasser, 1 Glas Weißwein – oder nicht, Pfeffer, 2 EL Butter.

Vorbereitung: Die Muscheln abkratzen, bürsten, in kaltem Wasser waschen, waschen und nochmals waschen, bis das Wasser sauber und klar ist. Die Muscheln mit offenen Schalen sind nicht genießbar, also wegwerfen!

Zubereitung: Die Muscheln in den Schalen stellen Sie mit den zerschnittenen Gemüsen, den Kräutern samt den Gewürzen, Wasser und Weißwein aufs Feuer und kochen sie zugedeckt, bis sie sich geöffnet haben: ungefähr in 8–10 Minuten. Kein Salz! Von Zeit zu Zeit stochern Sie um, damit die Muscheln nicht anhängen. Es kann auch vorkommen, daß trotz heftigen Kochens die eine oder andere Muschel sich nicht öffnet. Dann keine Gewalt anwenden und die Muschel wegwerfen.

Die Muscheln nehmen Sie aus dem Sud und schneiden die Bärte ab. Die Muschelbrühe gießen Sie durch ein feines Sieb, damit kein Meersand zurückbleibt. Abschmecken, noch einmal erhitzen und die Butter unterziehen. Nun richten Sie die Muscheln in den Schalen in dieser Brühe an und geben Weißbrot dazu.

Muscheln in Buttersauce
Moules à la Poulette

Erst behandeln Sie die Muscheln wie im vorhergehenden Rezept. Wenn sie sich geöffnet haben, lösen Sie das Fleisch aus den Schalen und schneiden die Bärte ab. Den Sud passieren Sie sorgfältig und halten die Muscheln darin warm. Die Butter lassen Sie zerfließen, geben das Mehl hinein und erhitzen unter ständigem Rühren, bis das Mehl Bläschen zeigt. Dann gießen Sie Muschelbrühe darüber, rühren schön glatt und lassen die Sauce 10 Minuten kochen. Nun kommt das Muschelfleisch hinein. Nehmen Sie den Topf vom Feuer, verfeinern Sie die Sauce mit den verquirlten Eigelben und schmekken mit ein wenig Zitronensaft ab. Petersilie darüber streuen und heiß anrichten.

Zutaten wie bei Muscheln à la marinière, vorhergehendes Rezept. Außerdem: 40 g Butter, 40 g Mehl, 1/2–3/4 l Muschelbrühe, 2 Eigelbe, Zitronensaft, 1 EL geh. Petersilie, evtl. Salz.

Gefüllte Muscheln Cap Esterel
Moules farcies Cap Esterel

24 Muscheln, Öl zum Dünsten, 1 Zwiebel, 20 g Champignons, 2 Tomaten (oder Tomatenmark), eine Handvoll gehackte Petersilie, 3 EL Brösel, Salz, gemahlener schwarzer Pfeffer, geriebener Muskat, Reibkäse, Butterflöckchen.

Vorbereitung wie bei den Muscheln à la marinière (s. Seite 54). Die geöffneten Muscheln lassen Sie gut abtropfen und entbarten sie. Nehmen Sie die obere Schale weg, die untere bleibt. Die gehackte Zwiebel und die in Scheibchen geschnittenen Champignons schwitzen Sie im Öl an, geben die enthäuteten, entkernten, klein geschnittenen Tomaten, Petersilie und Brösel dazu. Würzen, gut verrühren und eine Viertelstunde dämpfen.

Auf jede Muschel kommt ein Klecks dieser pikanten Farce. Dann werden die Muscheln in einer feuerfesten Form nebeneinander angeordnet, mit geriebenem Käse bestreut und zum Schluß mit Butterflöckchen gekrönt. Einige Minuten in den heißen Backofen schieben, bis der Käse zu fließen beginnt.

Weinbergschnecken Mireille
Escargots Mireille

Die Pilze schneiden Sie in dünne Streifen, dünsten sie mit der gehackten Zwiebel, dem zerquetschten Knoblauch und Petersilie in Öl, fügen die Gewürze bei und rühren das Mehl unter.

Die Schnecken nehmen Sie aus der Dose und lassen sie abtropfen. Mit dem Fond aus der Dose und dem Weißwein löschen Sie die Pilze ab und lassen die Sauce 10 Minuten kochen. Darin sollen die Schnecken 5 Minuten ziehen. Nehmen Sie das Geschirr vom Feuer, rühren die Eidotter ein, belegen mit Weißbrotscheiben und bestreuen mit viel geriebenem Käse. In der Backröhre gratinieren und heiß servieren.

Das richtige Getränk dazu ist derselbe herbe Weißwein, den Sie für die Sauce verwendet haben.

12 Schnecken aus der Dose, 100 g Champignons, 1 Zwiebel, 1 Knoblauchzehe, 1 Büschel geh. Petersilie, 2 EL Öl, 1/2 TL Paprika, Thymianpulver, ger. Muskat, Salz, 1/2 EL Mehl, 2 Gläser herben Weißwein, 2 Eidotter, Weißbrotschnitten, Reibkäse nach Belieben.

Aal auf arlesische Art
Catigot d'anguilles

1 Aal mittlerer Größe, 1 Glas Öl, 3 gehackte Zwiebeln, 1 Knoblauchzehe, 2 geviertelte Tomaten ohne Haut und Kerne, 1 Thymianzweig, 1 Lorbeerblatt, eine Messerspitze Paprika, 1/4 l Rotwein, Salz, Pfeffer.

Den enthäuteten und ausgenommenen Aal schneiden Sie in handbreite Stücke. In einer Pfanne (stilecht ist eine feuerfeste irdene Pfanne, in der man das Gericht auf den Tisch bringt) braten Sie die Zwiebel, den zerdrückten Knoblauch, die Tomaten und die übrigen Zutaten im Öl leicht an, geben dann die Aalstücke dazu und löschen – je nach Dicke der Aalstücke – nach 4–7 Minuten mit dem Rotwein ab. Jetzt kommt so viel kochendes Wasser dazu, daß die Aalstücke davon bedeckt sind. Etwa 1/2 Stunde kochen lassen, abschmecken und warm servieren.

Fleisch, Wild und Geflügel

Fleisch, Wild

Die Rezepte sind, wo nicht anders vermerkt, für 4 Personen berechnet.

Herz in Pilzsauce
Cœur aux champignons

500 g Kalbs- oder Rinderherz, 1 Zwiebel, Butter zum Anbraten, Salz, Pfeffer, 1 EL Butter, 200 g Champignons, 1 Glas Madeira, 4 Schöpflöffel Fleischbrühe.

Das Herz schneiden Sie in dünne Scheiben, die Sie mit der gerädelten Zwiebel unter ständigem Rütteln der Pfanne kurz und scharf anbraten. Würzen Sie mit Salz und Pfeffer, dann werden die Scheiben aus der Kasserolle genommen und warm gehalten.
In die Kasserolle geben Sie ein Stückchen Butter, dazu die blättrig geschnittenen Champignons. Fünf Minuten zugedeckt dünsten. Die Pilze vom Feuer nehmen und zu den Herzscheiben geben.
Den Bratfond löschen Sie mit Madeira ab, geben Fleischbrühe dazu und kochen auf die Hälfte ein. Nun kommen auch wieder die Herzscheiben mit den Champignons in die Kasserolle. Das Ganze wird gut durchgerührt und etwa 1 Stunde gekocht, bis das Herz weich ist.

Hammelschmurgel
Mouton Château-neuf-du-Pape

Das entbeinte Fleisch schneiden Sie in Stücke wie zu Gulasch und legen es zwei Stunden in die Marinade. Der beste Wein, z. B. Château-neuf-du-Pape, ist gerade gut genug. Danach lassen Sie die Fleischwürfel im Sieb gut abtropfen.
Den Speck schneidet Ihnen der Metzger in dünne Scheiben. Damit legen Sie eine feuerfeste Kasserolle aus. Auf die Speckscheiben schichten Sie eine Lage Fleischwürfel, die Zwiebeln, darauf gewürfelte Speckstücke, die Sie zuvor geröstet haben, und die zerquetschte Knoblauchzehe. Würzen Sie mit Salz, Pfeffer, Thymian- und Lorbeerpulver und geben als Abschluß die restlichen Fleischwürfel darüber. In der Mitte des Topfes versenken Sie das Kräutersträußchen, gießen so viel geseihte Marinade darüber, daß das Fleisch bedeckt ist; vielleicht müssen Sie noch einen Schuß Wein oder Bouillon dazugeben. Die Kasserolle verschließen Sie gut und dünsten das Gericht im Backofen bei mäßiger, aber gleichmäßiger Hitze gut und gern 2 Stunden. Es können auch vier Stunden sein, das ist dem Hammelschmurgel nur bekömmlich.

500 g Hammelschulter oder -keule, 100 g geräucherter Speck zum Auslegen, 2 EL geh. Zwiebeln, 50 g geräucherter Speck zum Rösten, 1 Knoblauchzehe, Salz, Pfeffer, Thymianpulver, Lorbeerpulver, Kräutersträußchen:
5 Petersilienwurzeln,
1 Lorbeerblatt,
2 Sellerieblätter,
etwas Rosmarin,
1 Stückchen Orangenschale, evtl. etwas Bouillon.
Zur Marinade:
Rotwein, 1 EL Öl, 1 gerädelte Karotte, 1 Zwiebel, 1 Scheibe Sellerie, 2 Knoblauchzehen, 1 Prise Thymian, 1 Lorbeerblatt, 8 Pfefferkörner, Salz.

Kalbsschnitzel Mont Ventoux Für 2 Pers.
Escalope de veau Mont Ventoux

2 Kalbsschnitzel, Öl zum Beträufeln, Salz, Pfeffer, 1 EL Mehl, Öl zum Anbraten, 4 EL Weißwein, 1 Prise Thymian, 30 g Tomatenmark, 2 geröstete Weißbrotscheiben, 1 EL geh. Petersilie.

Die geklopften Schnitzel beträufeln Sie auf beiden Seiten mit Öl und lassen sie 10 Minuten ziehen, damit die Fasern schön geschmeidig werden. Salzen und pfeffern und in Mehl wenden. Dann wird das Fleisch im rauchheißen Öl beidseitig schön goldbraun angebraten. Bei zugedeckter Pfanne lassen Sie die Schnitzel auf kleiner Flamme noch 10 Minuten dämpfen. Herausnehmen und warmhalten.
Den Bratfond löschen Sie mit Weißwein ab, geben die Prise Thymian und das Tomatenmark dazu, verrühren gut, schmecken ab und kochen die Sauce einige Male auf.
Die Kalbsschnitzel legen Sie auf die gerösteten Brotscheiben; mit der Sauce übergießen und gehackte Petersilie darüberstreuen.

Lammragout
Ragoût d'agneau

Über das gewürfelte Fleisch streuen Sie Salz und Pfeffer und braten die Stückchen in heißer Butter von allen Seiten schön goldbraun an. Aus der Kasserolle nehmen und warmstellen. Im selben Bratfett rösten Sie die Zwiebelringe und das Mehl leicht an, gießen mit Bouillon und Weißwein auf, geben die Gewürze dazu und lassen alles gut verkochen. Dann seihen Sie die Sauce durch und geben das Fleisch mit dem Tomatenmark hinein. Auf mildem Feuer lassen Sie das Ragout brodeln, bis nach etwa einer Stunde das Fleisch weich ist. Nun geben Sie die Karotten und Erbschen hinein und lassen alles noch einmal kurz durchziehen. Vor dem Anrichten streuen Sie gehackte Petersilie darüber.

500 g Lammfleisch (Brust oder Schulter), Salz, Pfeffer, 80 g Butter, 1 Zwiebel, 1 EL Mehl, Bouillon, 1 Glas Weißwein, 1 Prise Basilikum, etwas Thymian, 1/4 Lorbeerblatt, 1 EL Tomatenmark, 1 kleine Dose ›Pariser Karotten‹, 1 kleine Dose grüne Erbsen, gehackte Petersilie.

Lendenschnitten Sainte Victoire
Tournedos Sainte Victoire Für 2 Pers.

2 Lendenschnitten, Salz, Pfeffer, Öl zum Braten, 50 g Champignonköpfe, 1/8 l herben Weißwein oder Madeira, 1 EL Fleischbrühe, 2 getoastete Weißbrotscheiben ohne Kruste 1/2 EL geh. Kerbel, 1/2 EL geh. Estragon.

Die 2–3 cm dicken Lendenschnitten klopfen Sie leicht, würzen mit Salz und Pfeffer und braten sie auf starkem Feuer 3–4 Minuten saftig, so daß sie nicht ganz »durch« sind. Dann nehmen Sie die Schnitten aus der Pfanne und stellen sie heiß. Im Bratfond rösten Sie die Champignonköpfe, löschen mit dem Wein ab, gießen die Fleischbrühe dazu, rühren gut um und lassen die Sauce 2–3 Minuten verkochen.
Jeden Tournedo legen Sie auf eine getoastete Weißbrotschnitte, übergießen ihn mit der gut abgeschmeckten Sauce und bestreuen mit Kerbel und Estragon.
Gedünsteter Reis ist eine gute Beigabe.

Lammscheiben in Pernodsauce

Die gerollte Hammelbrust in 4 Scheiben à 100 g schneiden. Die Scheiben mit der Knoblauchzehe einreiben, salzen und pfeffern. Das Öl in einer Pfanne heiß werden lassen, die Lammscheiben auf beiden Seiten anbraten, das Öl aus der Pfanne gießen und durch Butter ersetzen. Jetzt reibt man die Zitronenschale darüber und läßt die Fleischscheiben in ca. 15–20 Minuten gar braten. Vorsicht, daß es nicht anbrät. Dann die Sahne dazugießen und den Bratenfond ablösen. Die Fleischscheiben aus der Pfanne nehmen und warmstellen.
Nun den Pernod und den Thymian in die Sauce geben und mit Salz und Pfeffer abschmecken. Die ganzen Schalotten mit der Butter etwas glasig dünsten und zusammen mit den Fleischscheiben auf einer Platte anrichten. Dazu Teigwaren servieren.

---

400 g gerollte Hammelbrust, 1 Knoblauchzehe, 1 TL Salz, 1/2 TL Pfeffer, 2 EL Öl, 50 g Butter, abgeriebene Schale 1/2 Zitrone, 1/8 l Sahne, 2 Schnapsgläschen Pernod, 1/4 TL Thymian, Salz, Pfeffer, 250 g Schalotten, 40 g Butter.

Gebratener Schweinehals
Porc aux herbes de la Provence

1 kg Schweinehals, 1 Knoblauchzehe, Thymian, Lorbeerpulver, Salz, Öl, einige Salbeiblätter, 2 EL Olivenöl.

Das Fleisch reiben Sie von allen Seiten mit der zermalmten Knoblauchzehe, einem Gemisch aus Thymian, Lorbeerpulver und Salz ein, betupfen es mit Öl und bedecken es mit Salbeiblättern. So soll es an einem kühlen Ort eine Nacht lang ruhen.
Am andern Tag krusten Sie das Fleisch rasch in rauchheißem Öl rundum goldbraun an. Dann packen Sie es in Alu-Folie ein, damit kein Fleischsaft entweichen kann und legen das Päckchen in eine passende Backform (z. B. in eine Königskuchenform). Im vorgewärmten Backofen lassen Sie das Fleisch in etwa 1½ Stunden bei mäßiger Hitze gar werden.
Dieser Schweinehals nach provenzalischer Art schmeckt warm und kalt. Man gibt dazu grünen Salat oder Kartoffelsalat. Wer's ganz üppig machen will, schlägt noch eine Mayonnaise dazu. Oder ein Aioli? Oder eine Sauce de Martigues (s. Seite 46)?

Sieben Städte haben sich um die Ehre gestritten, dem Dichter Homer das Leben geschenkt zu haben. Frankreich und Italien streiten um den Ruhm, die Zubereitung der Kutteln erfunden zu haben.

Alexander Dumas

Kutteln Haute Provence
Tripes Haute Provence

500 g Kutteln, 50 g geräucherter Speck in Würfelchen, 1 Zwiebel in Ringen, 2 Knoblauchzehen, Salz, 1/2 l Weißwein, 6 Tomaten oder entsprechend Tomatenmark, 1 EL Karottenscheiben, 1 EL gerädelter Lauch, 1 Lorbeerblatt, 1 Prise Thymian oder Thymianpulver, 1 EL Butter, geriebener Käse nach Belieben, Basilikum zum Bestreuen, Pfeffer, evtl. 2 Eidotter.

Mit den Speckwürfelchen rösten Sie die Zwiebelringe und die Knoblauchzehen lichtgelb an. Dann geben Sie die nudelig geschnittenen Kutteln mit Salz dazu, gießen den Weißwein darüber und lassen die Kutteln zugedeckt bei mildem Feuer weichkochen. Wenn sich die Kutteln mit der Gabel leicht zerdrücken lassen, kommen die enthäuteten, gehackten Tomaten mit allen Gemüsen und Gewürzen dazu. Dann lassen Sie alles eine weitere halbe Stunde kochen. Vor dem Anrichten nehmen Sie das Lorbeerblatt heraus und ziehen die Butter unter. Vermengen Sie die Kutteln mit geriebenem Käse und streuen Sie gehackte Basilikumblättchen und Pfeffer darüber. Haben Sie keine frischen Basilikumblätter, so kochen Sie getrocknetes Basilikum gleich mit.

Sie können den Käse auch in einem Näpfchen auf den Tisch stellen, damit sich jeder Gast nach seinem eigenen Geschmack nehmen kann.

Wenn Sie keinen Käse mögen, nehmen Sie

zum Binden 2 Eidotter, die Sie in 2 EL Wasser verquirlen. Ob mit Käse oder mit Ei – die Sauce schmeckt köstlich! Kutteln sind fettarme Eiweißträger – fast möchte man von einer Diätspeise reden.
Probieren Sie, wie gut solche provenzalische Diät mundet.

Panierte Kutteln
Tripes frites

500 g weichgekochte Kutteln am Stück, Salz, Pfeffer, 1 Ei, etwas Brösel, Öl oder Schweineschmalz zum Backen, Butter mit Gewürzen.

Die Kutteln schneiden Sie in gleichmäßige Vierecke (Kuttelflecke), die Sie mit Salz und Pfeffer einreiben. Die einzelnen Stückchen tunken Sie in verquirltes Ei, wälzen sie in Brösel und backen sie in dem heißen Öl oder Schweineschmalz rundum goldgelb. Auf Filterpapier lassen Sie die Kutteln abtropfen und richten sie auf vorgewärmter Platte an. Eine besondere Leckerei ist zerlassene Butter, gewürzt mit Salz, Pfeffer, Muskat und gehackter Petersilie, die Sie über die gebackenen Kuttelflecke gießen.

Leber mit Kapern
Foie aux câpres

Für 2 Personen

250 g Kalbs- oder Rinderleber, etwas kalte Milch, 1 EL Mehl, 15 g Butter, 15 g Öl, Salz, Pfeffer, 1 nußgroßes Stückchen Butter, 50 g Kapern.

Die Leber legen Sie einige Minuten in kalte Milch, häuten sie, lassen sie abtropfen und schneiden sie in 1 cm dicke Streifen. Im Mehl wälzen und im heißen Öl-Buttergemisch anbräunen – nicht länger als 6 Minuten, damit die Leber nicht hart wird. Jetzt salzen und pfeffern Sie die Streifen, nehmen sie aus der Kasserolle und stellen sie heiß.
In den Bratfond geben Sie das Stückchen Butter, schwenken darin die Kapern und übergießen damit die Leberstreifen.

Knobel-Kalb
Aillade de veau

500 g Kalbfleisch (Bug), Öl zum Anbraten, Salz, 1 Prise Thymian, etwas Bouillon, 1 EL Brösel, 5 Knoblauchzehen, 3 EL Tomatenmark, 1–2 Glas herber Weißwein, Pfeffer.

Das Fleisch schneiden Sie in Würfel, die Sie im heißen Öl ringsum goldbraun anbraten, salzen und mit Thymianpulver pudern. Dann löschen Sie mit Bouillon ab, fügen die Brösel mit den enthäuteten, zerquetschten Knoblauchzehen und dem Tomatenmark hinzu. Runden Sie die Sauce mit dem Weißwein ab und lassen Sie das Gericht zugedeckt ungefähr 45 Minuten still vor sich hinköcheln. Zum Schluß würzen Sie mit Pfeffer.

Provenzalischer Leberkäse

Pâté de foie de porc Für 3 Personen

250 g Schweineleber, 50 g Spinatblätter, 50 g schwarze Oliven, 100 g frischer grüner Speck, 1 Zwiebel, 1 Knoblauchzehe, 1 Büschel Petersilie, Majoran, Thymian, Salz, Pfeffer.

Die Spinatblätter dünsten Sie kurz im eigenen Saft und drücken sie in einem Tuch leicht aus. Dann drehen Sie sie mit den entsteinten Oliven, dem Speck, der rohen, enthäuteten Leber und allen übrigen Zutaten durch den Wolf, würzen gut und rühren gründlich um, damit sich alles schön vermengt.

In einer länglichen Backform, die mit Alu-Folie ausgelegt ist, verstreichen Sie die Masse und backen sie mit Folie bedeckt im Backofen ungefähr eine Stunde. Er muß schon mollig warm sein, wenn die Pastete hineinkommt, also bitte vorheizen.

Man schneidet sie kalt in Scheiben und ißt sie mit einem grünen Salat der Jahreszeit oder mit Cornichons.

Hasenrücken
Râble de lièvre Grand Cap

Hasenrücken ca. 500–600 g, Zitronensaft, 1/8 l Cognac oder 1/8 l trockenen schweren Rotwein, Pfeffer, 2 Knoblauchzehen, Salz, 8 Anchovisfilets, 3–4 Speckscheiben, 3 EL Öl.
Zur Sauce:
1 Zwiebel, 1 Stückchen Sellerie, 2 Karotten, das Weiße von 1 Lauchstange, 1 Lorbeerblatt, 1 Nelke, 1 Prise Thymian, Fett, etwa 1/8 l süße Sahne, Zitronensaft, evtl. Salz.

Der Hasenrücken wird enthäutet, in eine tiefe Schüssel gelegt, mit Zitronensaft beträufelt und darf eine Nacht ruhen.
Am anderen Tag begießen Sie den Hasenrücken mit Cognac oder Rotwein. Drehen Sie ihn immer wieder um, damit er von allen Seiten gut befeuchtet wird. Nach 2 Stunden nehmen Sie den Hasenrücken heraus, wischen ihn schön trocken und reiben ihn verschwenderisch mit gemahlenem Pfeffer und den zerquetschten Knoblauchzehen ein. Unterteil leicht salzen.
Entlang dem Hasenrücken machen Sie mit einem spitzen Messer Einschnitte, in die Sie die Anchovisfilets stopfen – je nach Größe, ganz oder geteilt. – Nun packen Sie den Hasenrücken in dünne Speckscheiben, die Sie sich schon beim Metzger zurechtschneiden lassen, umwickeln ihn mit Bindfaden und legen ihn ins zischend heiße Öl in die Pfanne. Unter fleißigem Begießen braten Sie den Hasenrücken in 40–50 Minuten bei großer Flamme recht knusprig. Dann halten Sie ihn auf einer Platte heiß.
Die Sauce: In den Bratfond geben Sie die zerkleinerten Gemüse mit sämtlichen Gewürzen und brutzeln sie im Fett so lange, bis die gehackten Zwiebeln blond sind. Gießen Sie den Cognac oder Rotwein darüber, passieren Sie die Sauce durchs Sieb, runden mit süßer Sahne ab und würzen noch mit einigen Tropfen Zitronensaft, evtl. auch mit Salz.

Wildgulasch Nizza
Gibier à la niçoise

500 g Wildgulasch, Salz, Pfeffer, 1 Prise Thymian, Essig, 30 g Butter, 30 g Speck, 1 Zwiebel, 1 Karotte, etwas rohe Sellerie, 1 Stengel Bohnenkraut, 1 Lorbeerblatt, 1/2 l Rotwein, 1/8 l Cognac, 100 g Champignons, 6 Schalotten, 2 Paar Knoblauchwürste.

Die gut mit Salz, Pfeffer und dem Thymian eingeriebenen Wildfleischstücke wickeln Sie für eine Nacht in ein mit Essig getränktes Tuch.
Am andern Tag rösten Sie in heißer Butter den gewürfelten Speck und die Fleischstückchen braun an. Geben Sie die zerkleinerten Gemüse, das Bohnenkraut und Lorbeerblatt dazu, löschen Sie mit Rotwein und Cognac ab und dünsten Sie das Fleisch halbweich. Dann schmecken Sie mit Salz und Pfeffer ab, geben die Champignons und die Schalotten dazu und kochen das Gericht fertig.
Die Knoblauchwürstchen haben Sie inzwischen im heißen Wasser ziehen lassen und belegen damit das Gulasch.

Geflügel

Die Rezepte sind für 2 Personen berechnet.

»Die Küche meiner Mutter war wie sie selbst: rasch, ohne Umstände, klar und sauber.« So schreibt Jean Renoir in seinem Erinnerungsbuch »Mein Vater Auguste Renoir«. Hier ein provenzalisches Rezept, das bei großen Gelegenheiten im Haus des Malers zwischen den uralten Olivenbäumen hoch über Cagnes aufgetischt wurde.
Die Mengenangaben beruhen auf eigenen Versuchen.

Thymian-Hähnchen
Coq au thym

1 Hähnchen ca. 1 kg, Salz, Pfeffer, je 1 Prise Thymian und Rosmarin.
Füllung:
Herz, Leber, 30 g Butter, 1 TL Thymian, 1 Prise Rosmarin, 1 Prise Estragon, 1 Prise Majoran, 100 g Champignons, 1 Knoblauchzehe, 2 Zwiebeln, 2 Karotten, Öl, 1 Tasse heißes Wasser, 1 nußgroßes Stückchen Butter zur Sauce, Salz und Pfeffer.

Das vorgerichtete Hähnchen salzen und pfeffern Sie von innen und außen und reiben es mit Thymian- und Rosmarinpulver ein. In das Innere des Hähnchens stopfen Sie das fein verwiegte Herz, die geschabte Leber, die Butter mitsamt den Gewürzen, die blättrig geschnittenen Champignons und die zermalmte Knoblauchzehe und nähen zu. Nun braten Sie das Hähnchen mit den Zwiebel- und Karottenscheiben in heißem Öl an, löschen ab und dämpfen das Hähnchen zugedeckt etwa in 45–50 Minuten weich.
Dann geben Sie Herz, Leber und Champignons in die Sauce, die Sie pikant würzen und mit Butter abrunden.

Gegrilltes Hähnchen Marius
Poulet grillé Marius

Das wie üblich vorbereitete Hähnchen trocknen Sie gut ab, schneiden es am Rükken zur Hälfte ein, drücken es leicht platt und würzen es innen und außen mit Salz und Pfeffer. Legen Sie das Hähnchen in eine feuerfeste Pfanne mit erhitzter Butter. In den Backofen schieben und immer wieder die zerlassene Butter darüberträufeln. Wenn das Hähnchen halbgar ist, bestreichen Sie es mit der Senfpaste gleichmäßig von außen, übergießen es wieder mit der geschmolzenen Butter und grillen es goldbraun. Das Hähnchen wird bei dieser Zubereitung sehr kroß. Der Senfgeschmack tritt dagegen zurück – vor allem, wenn Sie milden Senf und nicht die schärfere »Moutarde de Dijon« verwendet haben. Wünschen Sie aber stärkeren Senfgeschmack, so bestreuen Sie die Senfpaste vor dem Grillen mit Bröseln.

Ein junges Hähnchen (800–900 g), Salz, Pfeffer, 50 g Butter.
Zur Senfpaste:
3 TL Senf, 3 TL Öl, 2 Messerspitzen Thymian, 1 Messerspitze Knoblauchpulver, 4 Messerspitzen Cayennepfeffer, evtl. Brösel.

Gemüse und Salate

Gemüse

Die Rezepte sind, wo nicht anders vermerkt, für 2 Personen berechnet.

Gebackene Petersilie
Persil frit

Petersilie schwimmend im heißen Öl knusprig backen. Auf Filterpapier abtropfen. Leicht salzen.

Gefüllte Pilze Ste. Baume
Champignons Ste. Baume

500 g gleich große Champignons.
Fülle: *1 Zwiebel, 1 EL geh. Petersilie, Öl, 1 Ei, 1 EL Brösel, Salz, Pfeffer, 1 EL Madeira, Brösel zum Bestreuen, Öl zum Betropfen, Butter.*

Waschen Sie die Pilze sauber und schnell, sie dürfen nicht im Wasser liegen bleiben, damit sie sich nicht vollsaugen wie ein Schwamm. Entfernen Sie die Stiele und stellen Sie die Pilzhüte zur Seite. Die Pilzstiele schneiden Sie in Streifen und rösten sie mit der gehackten Zwiebel und Petersilie im Öl. Sie nehmen sie vom Feuer, vermischen sie mit dem Ei, den Bröseln, Salz, Pfeffer und schmekken mit Madeira ab. Die Champignonhüte werden mit dieser Masse reichlich gefüllt, mit Bröseln bestreut und mit Öl beträufelt. Dann kommen sie in einer gebutterten Form für 8–10 Minuten in den heißen Backofen.

Grüne Bohnen
Haricots verts sautés

500 g grüne Bohnen, Bohnenkraut, Salz, 2 große Zwiebeln in Ringen, Öl, Pfeffer, 1 EL geh. Petersilie, Knoblauchpulver.

Die kleingebrochenen Bohnen kochen Sie mit Bohnenkraut in Salzwasser nicht ganz weich (oder Sie nehmen sie aus der Dose und lassen sie abtropfen); abschütten. Im heißen Öl bräunen Sie die Zwiebelringe, geben die gut abgetropften Bohnen dazu und rösten sie einige Minuten mit. Die Pfanne immer wieder rütteln, damit nichts anhängt. Würzen Sie pikant und streuen Sie Petersilie und Knoblauch darüber.

Überkrustete Auberginen
Aubergines au gratin

4 gleich große Auberginen, Butter zum Anbraten, 250 g rohes Bratwurstbrät, 2 EL geh. Petersilie, je 1 Prise Rosmarin, Thymian und Muskat, Salz, Pfeffer, Brösel, zerlassene Butter zum Betropfen.

Die ungeschälten Auberginen schneiden Sie der Länge nach durch und braten sie auf der Schnittfläche in heißer Butter halbgar. Dann werden sie mit einem Löffelchen behutsam ausgehöhlt. Das Fruchtfleisch vermischen Sie mit dem Bratwurstbrät und den Gewürzen. Damit füllen Sie die Auberginenschiffchen, streuen Brösel darüber und beträufeln mit zerlassener Butter. In einer gefetteten flachen Pfanne kommen die Auberginen für 10 Minuten in den heißen Backofen zum Überkrusten. Sie werden heiß gegessen.

Steinpilze nach Art der Provenzalin
Cèpes belle provençale

500 g Pilze, 50 g Butter u. Öl, 50 g Zwiebeln, 1 Knoblauchzehe, reichlich Petersilie, Salz, Pfeffer, Saft einer halben Zitrone, gebackene Petersilie.

Reinigen Sie die Pilze sorgsam in lauwarmem Wasser. Achten Sie vor allem auf Maden, die es bei Steinpilzen oft gibt. Alle befallenen Stellen schneiden Sie aus und werfen sie weg.

Die Pilze zerkleinern Sie, indem Sie die Köpfe in dicke, flache Scheiben, die Stiele dagegen in starke Rädchen schneiden. Im Butter-Ölgemisch dünsten Sie die Pilze mit den gehackten Zwiebeln, der zerstoßenen Knoblauchzehe und der fein verwiegten Petersilie. Sind die Pilze gar, würzen Sie mit Salz und Pfeffer, tröpfeln Zitronensaft darüber und richten mit gebackener Petersilie an.

Zigeunertopf
Boumiano

Für 4 Personen

Wahrscheinlich kommt der Name davon her, daß die Zigeuner zusammenkochen, was sie an Gemüse freiwillig oder unfreiwillig ergattert haben.
Das Gericht hat noch einen zweiten Namen: Ratatouille. Zu deutsch, wie mir eine provenzalische Wirtin erklärte: Quer durch den Gemüsegarten – woraus sich ergibt, daß Sie die angegebenen Gemüse nach Ihrem Belieben ergänzen können.

250 g Auberginen, 2 Zwiebeln, 250 g Zucchini, 500 g Tomaten, 100 g Paprikaschoten (wenn Sie das Gemüse scharf lieben, dann nehmen Sie den scharfen, roten Paprika, sonst die milderen hellen Sorten), eine Bodendecke Öl, je 1 Prise Thymian, Bohnenkraut, Estragon, Petersilie, 1 Blatt Liebstöckel, Salz, Rosenpaprika, Pfeffer, 1 Knoblauchzehe.

Mit den streifig geschnittenen Zwiebeln kommen die Auberginenrädchen samt allen gewürfelten, geschnitzelten Gemüsen ins heiße Öl. Würzen Sie nun mit den Kräutern, dem Salz und geizen Sie nicht mit Rosenpaprika. Alles wird gut vermischt und zugedeckt eine halbe Stunde bei gelindem Feuer gedünstet. Schmecken Sie mit Pfeffer und der geriebenen Knoblauchzehe ab.

Überbackene Kartoffeln
Pommes de terre au gratin

Für 4 Pers.

750 g rohe Kartoffeln, 65 g Butter u. Öl, 200 g gekochter Schinken, Salz, Pfeffer, Knoblauchpulver, 1 Zwiebel in Scheiben, 1 kleine Sellerieknolle, 2 EL geh. Petersilie, 100 g ger. Käse, 1/8 l süße Sahne, 1/8 l Milch.

In dem Butter-Ölgemisch braten Sie die Schinkenwürfelchen knusprig an, nehmen sie aus der Pfanne und stellen sie warm. Den Boden eines feuerfesten Geschirrs bedekken Sie mit der Hälfte der gewaschenen und geschälten, auf Filterpapier abgetrockneten, rohen Kartoffelscheiben, die Sie pikant mit Salz, Pfeffer und Knoblauchpulver würzen. Darauf legen Sie die Zwiebelscheiben, die geraspelte Sellerie, die Petersilie, die gerösteten Schinkenwürfel und bestreuen mit geriebenem Käse. Den Abschluß bildet die zweite Lage gewürzter Kartoffelscheiben. Darüber gießen Sie das Sahne-Milchgemisch. Dann schieben Sie das Gericht für 45 Minuten in den Backofen.

Schusterspargel heißt im provenzalischen Volksmund der Lauch. Dieses Hirtengericht hätte gewiß auch dem Nürnberger Hans Sachs, dem Schuhmacher und Poet dazu, trefflich gemundet.

Salat aus der Bretagne

Den Kopfsalat waschen und abtropfen lassen. Eine große Platte damit auslegen. Die Karotten und den Weißkohl putzen und fein raspeln. Über den Weißkohl den Kümmel streuen. Die Gurke waschen, mit der Schale zu Scheiben schneiden und mit dem gehackten Dill vermischen. Die Tomaten achteln und die gesäuberten Paprikaschoten zu feinen Streifen schneiden. Den Schinken und den Käse ebenfalls zu feinen Streifen schneiden. Jetzt werden Gurken, Karotten, Paprikaschoten, Tomaten und Weißkohl in Häufchen auf die Platte gesetzt.
Für die Salatsauce die Kräuter hacken und den Knoblauch mit dem Salz auf einem Küchenbrett zerreiben. Essig, Öl, Pfeffer und Zitronensaft darunterrühren und über die Salatzutaten gießen. Die Schinken und Käsestreifen können nun über die Salatplatte gestreut werden oder separat dazu gereicht werden.

---

1 großer Kopf Salat, 2 Karotten, 1/4 Kopf Weißkohl, 1/2 TL Kümmel, 1/2 Salatgurke, 1 TL gehackter Dill, 6 Tomaten, 2 grüne Paprikaschoten, 100 g gekochter Schinken, 100 g Goudakäse, 1 Bund Salatkräuter, 1 Knoblauchzehe, 1 EL Salz, 6 EL Essig, 8 EL Öl, 1/2 TL schwarzer Pfeffer, 4 EL Zitronensaft.

Gebackener Lauch
Poireaux frits

Die geputzten Lauchstangen schneiden Sie in fingerlange Stücke, kochen sie in leicht gesalzenem Wasser 8 Minuten und lassen sie gut abtropfen. Dann werden sie in Mehl, zerquirltem gewürztem Ei und schließlich in Bröseln gedreht; ins heiße Öl mit Petersilie, Thymian und Lorbeerblatt geben und backen. Man legt die knusprigen Lauchstengel auf eine vorgewärmte Platte und kann vor dem Anrichten je nach Geschmack mit 1 oder 2 Umdrehungen der Pfeffermühle und einem Spritzer Weinessig abrunden.

500 g Lauch, Salzwasser, etwas Mehl, 1 Ei gewürzt mit Salz, Brösel, Öl zum Backen, 2 EL geh. Petersilie, 1 Prise Thymian, 1 Lorbeerblatt, evtl. Pfeffer und Weinessig.

Gefüllte Tomaten mit Champignons
Tomates farcies aux champignons

Die Tomaten höhlen Sie aus und lassen sie umgestürzt eine halbe Stunde abtropfen. Rösten Sie die blättrig geschnittenen Champignons so lange in Öl, bis es verdunstet ist. Wenn die Pilze abgekühlt sind, werden sie mit Tomatenmark, Eigelb, Salz und Pfeffer vermischt. Damit füllen Sie die Tomaten und setzen sie in eine niedere, gebutterte Gratinierform. Dick mit Käse und Bröseln bestreuen, Butter darüberträufeln und 10 Minuten im heißen Backofen gratinieren.

4 gleich große Tomaten, 200 g Champignons, Öl, 1 EL Tomatenmark, 1 Eigelb, Salz, Pfeffer, Butter für die Gratinierform, Reibkäse nach Belieben, Brösel, geschmolzene Butter zum Beträufeln.

Gefüllte Artischocken

Artichauts à la barigoule Für 4 Personen

8 Artischocken, Salzwasser.
Fülle: *150 g kleingehacktes Pökelfleisch, 200 g kleingehackte Champignons, 1 gehäufter EL befeuchtete Brösel, 2 EL geh. Petersilie, 1 kleingehackte Knoblauchzehe, Salz, Pfeffer. – 1 Zwiebel, 2 Karotten, 4 EL Öl, 1 Glas Weißwein, 1 Glas Wasser.*

Während Sie die Artischocken 10 Minuten in kochendem Salzwasser weich werden lassen, bereiten Sie die Fülle aus Pökelfleisch, Champignons, Brösel, Petersilie, Knoblauch und würzen mit Salz und Pfeffer. Dann schneiden Sie die Artischockenspitzen bis auf etwa 2 cm über dem Boden ab und entfernen das ›Stroh‹ aus dem Innern. In diesen Hohlraum kommt die Fülle.
Den Boden einer Pfanne legen Sie mit Zwiebel- und Karottenscheiben aus, setzen die Artischocken darauf und gießen 4 EL Öl darüber. Wenn die Zwiebeln sich zu bräunen beginnen, mit Weißwein und Wasser ablöschen. Dann lassen Sie die Artischokken zugedeckt bei kleinem Feuer noch etwa 1 1/2 Stunden gardämpfen. Die Sauce seihen Sie durch und setzen die Artischocken wieder hinein.

Zwiebling
Pissaladière

Teigboden: Kneten Sie alle Zutaten zusammen und stellen Sie den Teig zwei Stunden kalt. Dann wellen Sie ihn 1/2 cm dick aus, legen die gefettete Springform damit aus, ziehen die Ränder hoch und belegen mit der Fülle.
Sie können auch Weißbrot- oder Hefeteig dazu nehmen, so wie es in der Gegend von Nizza üblich ist.

Belag: Die streifig geschnittenen Zwiebeln dünsten Sie unter ständigem Rühren mit der zerquetschten Knoblauchzehe in etwas Öl. Ehe die Zwiebeln anfangen blond zu werden, vom Feuer nehmen und kalt stellen. Dann mischen Sie die Gewürze darunter und verteilen die Masse auf dem Teigboden. Garnieren Sie die Pissaladière mit den entsteinten Oliven und den gewässerten Anchovisfilets und träufeln Sie Öl darüber. Nach einer halben Stunde im heißen Backofen ist sie bereit zum Anrichten.

Für den Teigboden (reicht für eine Springform von 24 cm Durchmesser):
150 g Mehl, 75 g Butter, 1 Ei, 1 Prise Salz.
Für den Belag:
500 g Zwiebeln, 1 Knoblauchzehe, Öl zum Dämpfen, Salz, Pfeffer, Majoran (Origano), schwarze Oliven nach Belieben, 12 Anchovisfilets, Öl zum Beträufeln.

Pizza

Für den Teigboden:
die gleichen Zutaten wie bei dem vorhergehenden Rezept.
Für den Belag:
500 g Zwiebeln, 250 g Tomaten, 1 Knoblauchzehe, 1 Thymianzweig, 1 Lorbeerblatt, Petersilie, Öl zum Dämpfen, Salz, Pfeffer, Majoran (Origano), 2 Eier, 1/4 l süße Sahne, Anchovisfilets nach Belieben, schwarze Oliven nach Belieben, 100 g geriebener Käse.

Die Pissaladière gehört zur Küche von Nizza; die Pizza jedoch ist völlig italienischen Ursprungs. Aber es macht ja gerade den Reiz der provenzalischen Kochkunst aus, daß in ihr französische und italienische Elemente mit ihren besten Eigenschaften zusammenwirken. Und außerdem bekommt man in der Provence sowohl Pissaladière wie Pizza in vorzüglichen Ausführungen; sie gehören deshalb zum kulinarischen Erinnerungsbild.

Belag: Die Zwiebelringe, die geschälten, entkernten, grob gehackten Tomaten und die zerstampfte Knoblauchzehe dämpfen Sie samt den Kräutern eine halbe Stunde in etwas Öl. Abkühlen lassen, die Kräuter entfernen und würzen. Dann verrühren Sie die Eier mit der Sahne und ziehen sie unter. Diesen Belag verteilen Sie gleichmäßig auf dem Teigboden und schieben die Form für eine halbe Stunde in den heißen Backofen. Herausnehmen, mit gewässerten Anchovisfilets und Olivenkringeln belegen und Käse darüberstreuen. Nun kommt die Pizza noch einmal so lange in den heißen Backofen, bis der Käse sich leicht bräunt.

Spaghetti Marseiller Alter Hafen
Spaghetti Vieux port Für 2–3 Personen

300 g Spaghetti, 50 g Butter, 1 mittlere Zwiebel, 50 g gefüllte grüne Oliven, 1/2 Glas Weißwein, 150 g Tomaten, Salz, Pfeffer, sparsam Rosmarinpulver und Lorbeerpulver, 50 g Reibkäse.

Die Spaghetti brechen Sie in Stücke (Sie können sie auch in ihrer ganzen Länge nehmen, wie Sie es gewohnt sind), kochen sie 15 Minuten, schrecken sie mit kaltem Wasser ab und schütteln sie in einem Sieb trokken.

Nebenher lassen Sie die Butter in der Pfanne zerfließen und schmoren darin 5 Minuten die in Ringe geschnittene Zwiebel und die grünen gerädelten Oliven. Dann löschen Sie mit Weißwein ab. In diese Sauce geben Sie die Spaghetti, legen die Tomatenscheiben darauf, würzen mit Salz, Pfeffer und sparsam mit Rosmarin- und Lorbeerpulver, streuen den Reibkäse darüber und schieben das Gericht in den vorgewärmten Backofen, bis der Käse nach etwa einer Viertelstunde schön zerlaufen und gefärbt ist.

Salate

Will man den Salat echt provenzalisch anmachen, reibt man zuerst die Salatschüssel mit Knoblauchzehen aus. Dann bereitet man die Salatsauce aus Salz, Pfeffer, Essig und Öl.

Auberginensalat
Salade d'aubergines

2 Auberginen, 2 hartgekochte Eier, 80 g Thunfisch aus der Dose, 10 gefüllte Oliven, evtl. Knoblauch, Salz, Pfeffer, 3 EL Öl, 1 EL Essig, gehackte Petersilie.

Schneiden Sie die geschälten Auberginen in dünne Rädchen, die Sie kurz aufkochen, abtropfen und auskühlen lassen. Die hartgekochten Eier schneiden Sie in Viertel, zerpflücken den Thunfisch, halbieren die Oliven und geben alles zusammen, evtl. mit geriebenem Knoblauch, zu den abgekühlten Auberginenscheiben. Würzen und gut vermischen. Gießen Sie zuerst das Öl und dann den Essig an den Salat, wenden Sie ein paarmal um und streuen gehackte Petersilie darüber. Der Salat sollte gut und gern eine Stunde durchziehen, ehe man ihn aufträgt. Wer rohes Gemüse liebt, kann die Auberginenscheibchen auch ungekocht verwenden.

Chicoréesalat
Salade de chicorée Alexandre

Chicorée, Essig, Öl, Salz, Pfeffer, Brotrindenstücke, Knoblauch.

Von dem Chicorée entfernen Sie die schlechten Blätter, schneiden den Strunk aus, damit der Salat nicht bitter wird, und waschen ihn in lauwarmem Wasser. Dann kommt er in den Salatkorb und wird ausgeschleudert. Ist er trocken, schneiden Sie dünne Scheibchen und machen Sie diese mit der Salatsauce aus Essig, Öl, Salz und Pfeffer an – ohne Zutat von Salatkräutern! Dafür kommt in den Salat der ›chapon‹ (was eigentlich ›Kapaun‹ bedeutet, aber niemand weiß, warum er so heißt): kleine Brotrindenstücke, die tüchtig mit rohem Knoblauch eingerieben wurden. Gut durchziehen lassen.
Nach dem klassischen Rezept ißt man den ›chapon‹ nicht mit; er soll dem Salat nur ein pikantes Aroma verleihen. Im Vertrauen: Zu Hause bin ich nicht so klassisch und lasse mir den ›chapon‹ schmecken.

Übrigens glaubt Alexandre Dumas, der berühmte Verfasser der ›Drei Musketiere‹, es herausgebracht zu haben, woher die Bezeichnung stammt. Er schreibt: »Woher kommt dieser Name? Meine tiefschürfendsten etymologischen Forschungen haben in dieser Frage nichts ergeben. Ich war deshalb gezwungen, mich auf begründete Vermutungen einzulassen. Dabei kam folgendes heraus:
Der gefiederte Kapaun hat seinen Ursprung in der Landschaft von Caux oder der Provinz Maine, während die mit Knoblauch geriebene Brotkruste namens Kapaun in der Gascogne entstanden ist.«
Der Gascogner ist von Natur aus arm und großtuerisch. Deshalb könnte irgendein Gascogner, vielleicht d'Artagnan (einer der ›Drei Musketiere‹) auf den Gedanken gekommen sein, eine mit Knoblauch geriebene Brotkruste ›Kapaun‹ zu nennen, um auf die Frage: »Haben Sie gut gespeist?« mit Recht eine Antwort geben zu können, die den tüchtigen Esser auswies:
»Köstlich, einen Kapaun mit Salat«.

Nizza-Salat
Salade niçoise

200 g grüne Bohnen, 200 g Kartoffeln, 2 Tomaten, 1 grüne Paprikaschote, 1 Zwiebel, 30 g Kapern, 12 grüne Oliven, gefüllt oder nicht, 6 Anchovisfilets, Pfeffer, Essig, Öl, gehackter Kerbel, gehackter Estragon, evtl. Salz.
Zum Garnieren:
1 hartgekochtes Ei.

Unter diesem Namen gibt es noch mehr Rezepte, als es Köche und Köchinnen gibt. Denn man kann den Salat jedesmal abwandeln, kann hinzufügen oder weglassen, je nach Jahreszeit, Geschmack und Geldbeutel. Nie aber dürfen Anchovisfilets und Oliven fehlen.
Kochen Sie die würfelig geschnittenen Bohnen und die in größere Würfel geschnittenen Kartoffeln weich und lassen Sie beide auskühlen.
Geben Sie die Bohnen, die Kartoffeln, die enthäuteten geviertelten Tomaten, die nudelig geschnittene Paprikaschote, die Zwiebel in Ringen, die Kapern, Oliven und die gewässerten Anchovisfilets in die Schüssel. Würzen Sie mit Pfeffer, gießen Sie Essig und Öl darüber und vermischen Sie alles gut. Die gehackten Kräuter darüberstreuen und mit Eischeiben verzieren.

Sommersalat
Salade estivale

1 Kopfsalat oder
1 Endiviensalat,
2 Anchovisfilets,
1 rohes Eigelb,
1 Zwiebel, Essig,
Öl, Pfeffer, evtl. Salz,
Kerbel, Eischeiben
nach Belieben.

Die gewässerten Anchovisfilets schneiden Sie in Streifen und geben sie mit dem rohen verquirlten Eigelb und der gehackten Zwiebel in die Essig- und Ölsauce. Gut vermischen und pfeffern. Salzen oder nicht salzen, das ist hier die Frage: die Antwort gibt Ihnen Ihre Zunge. In dieser Sauce machen Sie den vorbereiteten Salat an, wenden ihn einige Male um und bestreuen ihn mit gehacktem Kerbel.
Will man's besonders festlich, verziert man den Salat noch mit hartgekochten Eischeiben.

Erbsen-Salat
Pois en salade

Weichen Sie die Erbsen über Nacht in abgekochtem Wasser ein. Am andern Tag kommen sie in ein provenzalisches Kräuterbad: Wasser (Feinschmecker in Orten, wo es kein gutes Leitungswasser gibt, nehmen Mineralwasser ohne Eigengeschmack) mit gewürfelter Zwiebel, Lorbeer, Salz, Pfeffer und je nach Vorliebe auch Thymian und (oder) Rosmarin. Darin werden die Erbsen gekocht, bis sie weich sind.
Nun reiben Sie die Salatschüssel mit Knoblauch aus, geben die gut abgetropften Erbsen hinein, machen sie mit Essig und Öl an, schmecken noch mal ab und garnieren das Ganze mit Zwiebelscheiben, Paprikastreifen und Petersilie.

250 g getrocknete Erbsen.
Zum Kräuterbad:
1 l Wasser zum Kochen, 1 Zwiebel, 1/2 Lorbeerblatt, Salz, Pfeffer, evtl. 1 Thymian- und (oder) 1 Rosmarinzweig. – 1 Knoblauchzehe, Essig und Öl im Verhältnis 1:4, 1 Zwiebel, 1–2 grüne Paprikaschoten, 2 EL geh. Petersilie.

»Wie meine Brust sich atmend spannt,
Spür' ich die Luft aus der Provence!
Kenn' ich doch also süß kein Land
Als von der Rhône bis nach Vence,
Vom Meeresstrand hin zur Durance,
Sah nirgends Glück so hell entbrannt.«

(nach dem Troubadour Peire Vidal,
um 1180 bis 1205)

Register

Die Gerichte noch einmal auf Französisch